亲历者 旅游书架

全新畅销版

360°全景旅行

《亲历者》编辑部 编著

TRAVEL 畅游云南

中国铁道出版社有限公司
CHINA RAILWAY PUBLISHING HOUSE CO., LTD.

图书在版编目（CIP）数据

畅游云南 /《亲历者》编辑部编著 . — 2 版 . —北京：中国铁道出版社有限公司，2021.11
（《亲历者 · 360° 全景旅行》丛书）
ISBN 978-7-113-28142-7

Ⅰ. ①畅… Ⅱ. ①亲… Ⅲ. ①旅游指南 – 云南 Ⅳ. ① K928.974

中国版本图书馆 CIP 数据核字（2021）第 129277 号

书　　名： **畅游云南**
CHANGYOU YUNNAN
作　　者：《亲历者》编辑部

策划编辑： 聂浩智
责任编辑： 杨　旭　　　　**编辑部电话：**（010）63583183
封面设计： 东至亿美
责任校对： 焦桂荣
责任印制： 赵星辰

出版发行： 中国铁道出版社有限公司（100054，北京市西城区右安门西街8号）
印　　刷： 中煤（北京）印务有限公司
版　　次： 2018年1月第1版　2021年11月第2版　2021年11月第1次印刷
开　　本： 660 mm × 980 mm　1/16　**印张：** 13　**字数：** 280 千
书　　号： ISBN 978-7-113-28142-7
定　　价： 58.00元

前言

“春城漫步误为春，翠绿锦红气冷心。云贵高原结露厚，潇潇洒洒雾中人。”这便是云南，中国西南边陲一个春日满城、潇洒如梦的地方。

在这块神奇的土地上，悠久的历史文化、多样的地貌令人目不暇接。来到云南，你既可以流连于“慵懒”的丽江古城，探秘美丽的泸沽湖；亦可远眺高峻的梅里雪山，将身心融化于香格里拉的清澈之中。

来了便是为了留下，云南的美丽绝不只是匆匆一瞥。古人用“彩云南现，遣使迹之”来遥指这片神秘的云岭高原，在这块红土高原上有太多的美景。你可以上苍山、游洱海、逛古城、泡温泉，在双廊看云卷云舒，走走茶马古道，逛一逛古色古香的古城。

无论你从哪个方向来，进入了云南的地界，脚步都会不自觉地欢快起来。造访大街小巷的井泉和桥，与少数民族同胞一起载歌载舞，陶醉于香格里拉的神秘，徜徉于泸沽湖的波光，穿过老君山的寂静森林，跨越梅里雪山的凛冽。在灿烂的阳光下发发呆，在古城的一角看远山白云、观星空灯火，放下包袱，轻装前行。

循着历史的脉络，寻访那铭记在多少中外先贤心灵深处的云南，关于远方的期待，在云南，你都能找到。

360°
全景旅行
畅游云南

目录

大觀樓

第五章 最富地区特色的云南美食

示意图目录

《丽江印象》表演。

导读

360° 全景云南游

001-007

泸沽湖里格半岛。

有种气质叫云南

云南，素以其美丽、丰饶、神奇而著称于世，一向被外界称为“秘境”，吸引着世界各地的游客。闻名于世的金沙江、怒江、澜沧江几乎并排地经这里流向远方，险峰峡谷纵横交错，江河溪流源远流长，湖泊温泉星罗棋布，造就了这块神奇美丽的乐土。

这里的山，云梦萦绕；这里的水，满江春意；这里的花，争相竞艳；这里的人，淳朴善良。千年历史，独特的彩云之南。

滇剧

滇剧是云南省传统地方戏剧剧种。滇剧的丝弦、胡琴、襄阳三大声腔和一些杂调，都是省外传入的戏曲声腔：丝弦源于秦腔，胡琴源于由声腔演变成的徽调，襄阳源于楚调。三种声腔，传入云南后，结合当地的方言语音和风土人情、民间音乐，变化形成了滇剧的三大声腔。

香格里拉

香格里拉是一个永恒、和平、宁静之地。这里有四面雪山环绕的草原，阳光灿烂，空气新鲜，神圣静谧的湖水、金碧辉煌的寺庙和淳朴善良的人，一切都如人们梦想中的美丽乐园一般。

云南木府

云南木府是丽江木氏土司衙门的俗称，整个建筑群坐西朝东，是一座辉煌的建筑艺术之苑，五六百年前的木府，就是丽江古城中的“紫禁城”。

“不到木府，等于不到丽江。”留于世的明、清木府古建筑，建筑之宏伟、雕刻之精致、构件之玲珑、绘画之璀璨，真可谓美轮美奂，无与伦比。

茶马古道

茶马古道蜿蜒在中国西南横断山脉间。一千多年来，它将云南、四川的茶叶输送到西藏，又将雪域高原的特产运到内地，联系着内地与西藏的经济文化交流。在担负着民间运输重任的同时，这条漫长而又艰险的古道也是各种文化传播交流的走廊。茶马古道沿途惊心动魄的自然景观、传奇神秘的人文内涵，正吸引着世人越来越多的目光。

佤族竹竿舞

佤族是能歌善舞的民族。竹竿舞，过去是为祭祀有福分的老人死后跳的一种舞蹈，现已成为一种娱乐性的舞蹈。

两根大竹竿平摆在地上，在两根大竹竿外面，人们两人一对，面对面持小竹竿，沿着大竹竿来回滑动碰击，舞者在两竿滑动相撞的空隙中跳动。舞蹈动作为模仿蚂蚁、斑鸠、豹子、画眉等动物形态起跳，活泼欢快。

纳西古乐

云南的纳西古乐是我国最古老的音乐，更是世界上最古老的音乐中的一种。这种古乐是云南最古老的音乐，是纳西族人民创造的自己独特的艺术。

纳西古乐曲目古老，乐器也很古老，演奏的人也是七八十岁的老人，所以说纳西古乐是古老的音乐一点也不为过。听过这种古乐的人都会被纳西族古老的文明折服，体会到纳西族文化的源远流长。

花卉之乡

云南是我国的花卉之乡、植物的王国。云南有八大名花之说，包括山茶、杜鹃等八种著名花卉。很多国家的植物学家不远万里到云南来实地考察。

《云南映象》

《云南映象》是一台将云南原创乡土歌舞与民族舞重新整合的充满古朴与新意的大型歌舞集锦。这部长达100分钟的舞蹈，倾注了舞蹈家杨丽萍的全部心血。原汁原味的真实服装道具、不加雕琢的唱腔和原始自在的舞技，将传统歌舞和新锐舞蹈、现代舞完美融合，在现实的基础上再创了神话般浓郁的云南民族风情。

为什么要去云南

独特的边疆风貌，高原湖泊、岩溶奇观、热带雨林、雪山峡谷，加上为数众多的历史文化遗迹、多种多样的气候、多姿多彩的民族风情，这一切，正是云南的魅力所在。若是人间有一处春色让人流连，那便是这里——七彩云南。

春季，万物复苏、繁花似锦的时节，在大理、丽江、昆明等地，在阳光下的院落，到处是安静绽放的花儿，此时的云南，便是一片花海。秋季是云南最美的季节。金秋时节的彩云之南，是云南旅游永恒的主题，在不经意的细节中，每个人都会找到属于自己的柔软和绵长。

微雨中，你听，雨点敲打着青石板街，银匠手中的小凿子奏出简单的音符，身材高挑的白族妇女唱着嘹亮的山歌渐行渐远，将军府中悠悠地拨人心弦的叹息——细品悠远茶香，清脆的马队铃声，穿过密集的树林，惊走低旋的鸟雀，越过千年的时空隙，最后停在耳边，叮……叮……

大理

“下关风，上关花，苍山雪，洱海月”是大理著名的“风花雪月”四景：洱海最北端的上关，曾经是一片开阔的草原，这里鲜花铺地，姹紫嫣红；最南端的下关是苍洱之间主要的风源，现在是大理市中心所在地；位于洱海中部的大理古城，曾是南诏古国的都城、白族文化的发源地；泛舟洱海，你能体验白族水乡人的生活乐趣。这里有浓郁的白族风情，在整个云南之旅中，恐怕再没有其他地方能像大理一样，让你深切感受到如此独特的白族风情。

泸沽湖

走进泸沽湖，如同进入了一个神秘世界，湛蓝的湖水被群山围绕，美妙绝伦的湖光山色间居住着多情浪漫又勤劳善良的人。你可以徒步或骑单车环湖，累了到当地人的家里喝茶聊天，坐猪槽船看清晨日出，听一曲山歌，参加夜晚村寨的篝火晚会，在这里感受别样的民俗风情。

丽江

说到古城慢时光，人们总是会想到丽江。在这个偏安一隅，感觉岁月总是那么的宁静，在阳光下喝杯茶，逗逗呆萌的小狗；或是在古城中随意走一走，看着形形色色的游人，品味人间百态。这里有温柔的小桥流水，有古朴动人的民谣。人们可以抛开世俗的纷扰，在这里发呆、思考，把酒言欢、纵情自我。在丽江，心灵总会得到一丝安慰的栖息。

哀牢山红河谷

展开彩云之南壮丽的画卷，一条如练的蓝色彩带将云南从中部一分为二，那就是壮美的红河。美丽的红河，如诗、如画。如果说，悠悠红河水是一位柔情似水的阿妹，那高耸于红河西岸的巍巍哀牢山，则是剽悍多情的阿哥。哀牢山、红河水，一对匆匆南行的情侣，一路眷恋，一路欢歌，绘下了许许多多令人震撼的画卷。

西双版纳

与悠闲的大理、丽江相比，西双版纳是热情神秘的。这里是植物的王国，身高近百米的望天树、会听音乐的跳舞草、会下雨的树，总是那么的神奇有趣；这里是野生动物的家园，娇艳夺目的孔雀、威武强壮的大象在这里备受宠爱；这里更是傣族人的乐土，精巧的竹楼、婀娜的傣家姑娘、优美的孔雀舞让这里更添几分风情。

香格里拉

“太阳最早照耀的地方，是东方的建塘，人间最殊胜的地方，是奶子河畔的香格里拉。”自从美国小说家詹姆斯·希尔顿的小说《消失的地平线》问世以来，作品中所描绘的香格里拉曾引起无数人的向往，皑皑的雪山、广阔无垠的草原、鲜红的莨菪花……构成了这里最美的风景，香格里拉藏语音译又为“香巴拉”，意思是“心中的明月”，意为世外桃源，而这里，的确是一个世外桃源、人间仙境。

老君山的漫山杜鹃花仙境。远山云雾缭绕，眼前繁花盛开。

360°
全景旅行
畅游云南

第一章 最值得亲自走的云南线路

008-025

云南，即“彩云之南”，另一说法是因位于“云岭之南”而得名，用“七彩云南”来描述这片土地是最合适不过的。

如果云南有个前缀，那么或许就是柔软。在丽江清晨六点，静谧无人的古老巷子里，透过一个披星戴月的背影，依稀能看到茶马古道重镇的身影。厌倦了城市的人们在大理过过小日子，在洱海边上的小客栈晒晒几米阳光。往北走，香格里拉，名字就让人神往，一抹抹更纯净的光线照亮田园牧歌般的草原，那是我们想象的与世无争的世界。往南走，西双版纳的阳光更为凶猛，生龙活虎的绿意，闲适的步伐。

如果你对柔软不感兴趣，有更多的精力要消耗，那么云南的崇山峻岭将能满足你。走走经典的虎跳峡，让一路雪山峡谷相随；独龙江徒步将你带入人迹罕至之处。即使是熟悉的风景，也能有新的发现。元阳梯田满足了每一个摄影者的心愿；当你以为你已经跑遍了昆明，抚仙湖就会适时地带给你惊喜，碧蓝水色媲美泸沽湖。有多少高山湖泊，就有多少风光胜景。

时间在云南走得特别慢，当地少数民族的人们以闲适自居，慢悠悠的生活态度也会慢慢感染你。在丽江品纳西风情，或去看元阳梯田的壮丽，彩云之南，也许就是世外桃源。

精彩滇西之旅

高黎贡山和无量山犹如两扇庞大的屏风，把滇西边疆与云贵高原隔开。从保山坝子开始，海拔一路向西走低，云杉和松柏慢慢变成了董棕和桫椤，榕树和蕉林散落在清晨凝着露珠的河坝水田上。走进怒江，你就走进了世界上最神秘的东方大峡谷，峡谷是雄奇的，当得起一个“大”字。美丽的滇西是上帝垂青的景观乐园，既有巍峨俊秀的大雪山，也有温婉如玉的碧水湖泊，还有佛光闪闪的寺院和各民族的灿烂风情。

昆明—保山—腾冲—瑞丽

建议游览时间：5 天

搭乘从昆明到腾冲的直飞航班，抵达腾冲后从城区包车去火山地热国家公园，园内有火山体 97 座，对于绝大多数的人来讲，这里不过是很平常的一座山峰，但对于爱好地理的人来说，这里简直就是天堂。沿着大滚锅旁的甬道继续前行，沿途水雾蒸腾，路边陆续有许多天然泉眼，各个千姿百态，泡一泡温泉，尝一尝热海大滚锅里煮熟的鸡蛋，别有一番风味。

从腾冲城区前往和顺古镇，沿着古镇的小巷慢慢踱步到艾思奇故居，纪念馆是中西合璧的四合院，有串楼通栏，雕花格扇，西式小阳台，显得古朴典雅。和顺图

书馆为中国传统的楼房建筑，前置花园，美观素雅。拾级而上，依次是大门中门花园，然后就是图书楼藏珍楼等，就是从这里走一圈也许能沾染一点书卷气。

接着前往北海湿地，整个湿地被青山环拥，在波光粼粼的水面上，水草密密麻麻，根系交错在一起，形成整片整片的草排，浮在水面上，宛如一个个小岛，一片醉人的蓝色让你分不清这是草原还是湖泊。顺着景区内的栈桥走入湖心，划一划船，有一番在大片北海兰花中穿行的奇妙体验。

从腾冲前往瑞丽，走进莫里热带雨林，观赏雨林中著名的佛脚印。在植被茂密的热带雨林中穿行，躲开夏日的炎热，感受雨林中的清凉。

火山环抱的和顺古镇。

昆明—贡山—丙中洛

建议游览时间：3天

从昆明抵达六库镇，然后前往怒江大峡谷，怒江大峡谷是世界上最美丽险奇的东方大峡谷。天凉的时候河谷茂林葱绿，炎热似夏，山坡花俏草黄如春如秋，峰顶冰雪世界，一派隆冬景象。江水如一块会流动的温润玉石，让人见了不禁心生喜爱。

逆着大峡谷一路向北，在老姆登教堂聆听一场四声部合唱，走进白汉洛教堂，品一品“白汉洛”野果酒。一路北上来到丙中洛，爬上贡当神山，可俯瞰整个怒江第一湾。

热带秘境之旅

昆明—玉溪—普洱—西双版纳—沧源

建议游览时间：6 天

这是云南的热带雨林之旅，越往南走热带风情愈发明显。在这条线路上，你可以看到春城昆明的美景，品尝普洱名茶，探寻茶马古道的起点；也可以到西双版纳野象谷里与象共舞，或者到热带雨林观赏植物，在西双版纳的傣族村落里感受傣族姑娘的热情。

去玉溪，美丽的抚仙湖是必去的地方。抚仙湖是一个南北向的断层溶蚀湖泊，形如倒置葫芦状，是我国水质最好的天然湖泊之一。秀山公园与城相连，出城步行数百步即可登山。山中禅院森森，曲径通幽。白龙寺坐落在秀山南面的茂林之中，是后山的唯一建筑，寺院古朴典雅。秀山之秀在于绿，山北麓翠竹万竿，青翠欲滴；山西密林间灌木丛生，野花点点；山东面奇松参天，杉栗葱翠；山南松林似海，涛声如吼。

普洱有天赐的一方水土，尤其是普洱茶，历经不同世代的普洱茶将几千年前的历史和现在系统地衔接了起来。澜沧江黄金水道，云盘山万亩茶园，思茅城边的梅子湖公园，美丽的中国茶城，茶城大道，你一定不能错过。

来到西双版纳的州府景洪开始，可以前往中科院植物园逛一逛，漫步园中，呼吸略带潮湿的新鲜空气，给自己的肺做一次清洁。去望天树景区感受空中索道，走在摇摇晃晃的吊桥上，以独特的视角观赏望天树及周围的热带雨林，感觉惊险刺激。放眼望去，一片郁郁葱葱，心情顿时开阔起来，或者可以到勐远仙境尝试一小段热带雨林穿越。夜晚的澜沧江很美丽，灯火辉煌，不远处就有酒吧一条街，夜晚吹着风，走在澜沧江边，很舒服。

回到景洪，往西抵达勐海，勐海是普洱茶的源头、茶马古道的起点。触摸古道的历史，寻找古道往日繁华的记忆，我们在这里撞开尘封的历史之门，从历史出发，去探寻那神秘的古道。去往南糯山感受云海茶山之美，再到章朗探访布朗族的古村落。抽时间去一趟打洛的独树成林景区，该树为大叶榕树，树高 70 余米，幅宽 120 平方米，32 枝气生根直入土中相连成林，成为热带雨林中的一大奇观，已有 1000 多年的树龄，迄今仍然枝叶茂盛。

接着可以从澜沧转车前往孟连，感受边城的景致。去孟连总佛寺祈福，它的建筑是东南亚特色风格，很有韵味。往北去西盟看看龙潭，继续去往云南最西南角的沧源，这里的史前文明崖画、佤寨翁丁部落都具有浓郁的边地秘境风情。沧源千米崖壁画长廊的壁画陡立成崖，崖面由于杂质浸染及附生攀缘植物的点缀变得色彩斑斓，如同一幅巨型壁画，描绘了这片古老大地的沧桑。

度假胜地之旅

昆明—楚雄—大理—丽江—香格里拉

建议游览时间：8天

到了云南，人就会自然地放松下来，整日在钢筋水泥的城市中奔忙拼搏，出来了面对清新自然时当然要安心休闲一下。这条线路经过风花雪月的大理，经过历史悠久的泸沽湖，还有神秘的香格里拉等。

滇西北是一片拥有悠久历史的地方，大理、双廊、沙溪、大研、束河，一个个古镇像明珠一样镶嵌在古老的茶马古道上，这片不可错过的地方一定会给你一次美妙的旅途。

从昆明出发，前往楚雄。楚雄最有名的当属元谋土林了，远远看去，如林的土柱变化层出不穷的姿态，土柱中夹杂的石英、玛瑙等物质在阳光下反射出奇异的光彩，让人不得不感叹大自然的鬼斧神工。

楚雄还有个黑井古镇，古镇布局合理巧妙，沿龙川江两岸，五马桥把古镇东西相连，盛时的十三条坊、三万多人口把黑井渲染成灯火辉煌的不夜城。一道巍峨壮观的大牌坊上，横书"彝人古镇"四个大字遒劲雄浑，这就是彝人古镇的大门，举头仰望，一种磅礴之势迎面而来。古镇到处都是景观，到处都有典故，可以说是移步易

景，一景一串故事。

大理是个不错的选择。去逛逛大理古城，看看，其古老的建筑。这里家家都是花园庭院，门口有红灯笼一排排挂着，古色古香，还可以到复兴街去找找当地的美食，逛过大理古城后赶到双廊，在傍晚时分泛舟洱海之上，看光影潋滟，别有一番风味。晚上在双廊找一家小酒吧，听听音乐喝到微醺，再去湖边的客栈伴着洱海的涛声进入梦乡。

双廊是一个适合发呆的地方，早上醒来到临湖的露台上闲坐，看苍山十九峰秀丽葱绿，洱海潮起潮落，好好度过一个安静的上午。下午前往沙溪 ，这是最为安静的古镇之一，没有如梭的游人打扰古老的韵味，当地的居民们也十分淳朴，跟着白族的老奶奶们一起在夕阳下散步，整个人都安静了下来。

来到丽江就可以感受一下古城的热闹了。小桥流水、风光秀丽的丽江古城，木楼青瓦，古街石巷，保持着它原有的古朴韵味，漫步在古城的街道上，感觉很惬意。四方街位于丽江古城的心脏位置，一年四季这里都是游人如梭，这里能找到云南的特产和小吃。束河古镇是一个环境古朴而幽静、生活节奏很慢的古镇，雕梁画栋的房屋造型，屋舍错落有致，是个休闲度假的好地方。还可以可以租一辆自行车去骑行拉市海，蓝色的湖泊，周围树木水草丰密葱郁，环境很好。还可以去玉龙雪山，《丽江印象》也值得一看。

一定不要忘记丽江还有泸沽湖，那儿的湖水清澈如镜，藻花点缀其间。到达大落水

村后，早起可以看日出，沿湖边的村寨慢慢踱步，也可以在村子里和村民聊聊天。村边一望无际的草海内芦苇如墙，水路错综弯曲，小船出没其中，草丛在微风中荡漾，这份逍遥太美了。

从丽江出发前往香格里拉，中间经过大名鼎鼎的虎跳峡景区，一定要进去看看，金沙江流经此地奔腾湍急，中间一块大石伫立在江心，把江水指引得上奔下跳非常壮观。松赞林寺是云南省规模最大的藏传佛教寺院。这里建筑群层层叠叠又金碧辉煌，非常壮观。

来香格里拉一定要去梅里雪山，经过白马雪山垭口的时候不要忘记下车拍拍雪山的壮丽风景。下午到达明永冰川，可以徒步近距离接触冰川，还能远望梅里雪山。去飞来寺内拜佛祈福，在飞来寺旁，几千米的一段路程全都是客栈和旅社，住在旅店里基本都可以看到梅里雪山，晚上还可以看看日落。

风光行摄之旅

昆明—东川—石林—罗平

建议游览时间：4 天

绚丽大地云之东，游东川，访罗平，问俗元阳；奇石林边与阿诗玛对饮，翻越红土地、置身油菜花海，行摄云南、且行且摄，以闲适的心情摄山，摄水，摄古城旧梦，摄歌舞繁华。

从昆明出发，第一个到达的是东川红土地，浪大地位于三岔口以西，层层梯田如翻腾的浪花，故而得名。老龙树是一株树龄上千年的冷杉，孤独地立在红土地上，古朴而沧桑。每年 5 月份梯田放水插秧的时候，落霞沟的线条像极了一面琵琶，而且，落霞沟也是傍晚拍摄夕阳和落霞的最佳位置之一。乐谱凹距花石头村只有一千米，一层层几乎水平的梯田仿佛七彩的五线谱，田间劳作的农民则是点缀的音符，惟妙惟肖。

石林素有“天下第一奇观”的美誉，在一片茂密的峰丛中，著名的阿诗玛石即屹立在此，巍峨的峰林幻化成一位亭亭玉立的彝族姑娘阿诗玛，仿佛正在向你招手。沿着甬道前行，不经意间就来到大石林区，在狮子亭稍作休息，欣赏对面狮子池的峰林倒影，也不失为一种宁静的享受。乘上石林湖的游船，泛舟湖上，山光水色集于一处，

所有的压力苦恼全都消失了。

下一站是坐拥 80 万亩油菜花的罗平，喀斯特峰丛与金灿灿的油菜花组成壮阔画卷。每年花期，罗平县城便深陷在一片油菜花的海洋里，80 万亩油菜花竞相开放，颇为壮观。金鸡峰丛位于罗平县城以东金鸡岭主峰附近，距离县城约 9 千米。此处的油菜花田平坦开阔，但有小山峰的点缀，又不觉得单调。

“银龙”盘游于群山中，在约 4 千米长的河流中，落差超出了百米。河中怪石嶙峋，浅滩深潭。烟雨、微风、碧水；流云、飞花、青山，在你面前展开一幅壮丽的山水画卷，层层叠叠，自成一绝。九龙瀑布周围群山环绕，阡陌纵横，呈现一派田园风光。

东川红土地，炫目动人。

享受清净之旅

昆明—建水—元阳—蒙自—丘北—广南

建议游览时间：6 天

作为文艺青年的天堂，云南有无数文艺范目的地，比如红河，这是一块让人极度喜悦的土地，大自然将最美好的一面不计成本地洒满这里，人们可以浪漫栖居，还能储备安详。红河是云南人自己的后花园，拥有独特的精彩之处，一年四季都适宜前往，沿着这条线路，享受一下清净的旅行时光。

红河的第一站是建水。来到建水古城，文庙是必然不能错过的景点。建水文庙是除了山东曲阜文庙和北京文庙外的第三大孔庙。每周末，文庙里都有古乐演出，上下午各一场，建议安排好时间观看一场。此外，每年 9 月 28 日孔子诞辰日的庆祝活动，则是文庙最盛大的庆典，遇到了可千万不要错过。

来建水还要去团山村一趟，看看保存完好的百年老宅，每年的 5 ~ 7 月份还可以去燕子洞看雨燕归来，尝一下当地最地道原始的燕窝粥。当然，惊险奇绝的钟乳悬匾表演不可错过。

接着去看元阳梯田。这里四季都有景观，梯田依地势层层相叠，非常壮观。在这里多依树看日出，到老虎嘴看日落，感受云彩和霞光映在梯田水中的壮美。去哈尼民族村里走走，体验元阳少数民族风情，这里的建筑和服饰都很惊艳。从元阳可以直达建水，始建于唐代的建水古城是一座有着深厚历史的文化名城。古城内的朱家花园建筑精美，号称“滇南大观园”。入住朱家花园，像当年朱家人一样的生活，感觉新奇而独特。

然后前往蒙自。市区南湖一带就有不少法式建筑遗存，南湖公园主要的建筑是雄伟的瀛洲亭，因有文人学士常来相聚，吟诗作赋，攻读诗书，又有“学海”之称，云南著名的过桥米线传说便起源于此。如果有兴趣还可以到碧色寨火车站看一看，车站至今仍保留着法国式铁路用房，挂在车站墙上饱经风霜的时钟，英文 Paris 字样依然清晰可见，让人遥想起当年的繁华。

如果正好是夏季，也可以从蒙自过文山，去丘北的普者黑，这里既有孤峰、清流、幽洞、奇石的灵秀，又有小桥、流水、人家的古朴神韵，还有波光潋滟的明丽，更有浩荡的万亩荷花。泛舟远眺，峰峰相对，全身披绿，百态千姿。近山，又见绝壁悬岩，晃动于水影之中，犹如龙飞凤舞。

从丘北至广南可以看到旅友口口相传的桃花源坝美，四周被翠绿的群山环抱，境内一年四季流淌着一条名为“驮娘江”的清澈小河。尤其是村落中的那几棵大榕树，把整个坝美裹成一团油绿。这个村寨的神奇之处就在于，进出村都需乘船经过幽深、昏暗的水洞。

360°
全景旅行
畅游云南

第二章

最古朴优雅的云南古韵

026-065

巍山古城
南诏国的发祥地

地址 大理白族自治州巍山彝族回族自治县大沟街 交通 大理下关客运站每天有多班班车可前往 门票 免费 开放时间 全天开放

巍山古城位于大理南部的巍山县城内，又被称为南诏古城，是南诏国早期的都城，也是茶马古道上著名的马帮城市。城内古建筑星罗棋布，保持了600余年前的古老格局，主街道两侧明清时期的民居依然保存完好，这种古色古香的古城风貌现在在我国已不多见。

相比如今游人如织的大理，巍山古城相对安静了许多，走在古城的青石板路上，两侧悠闲的居民、安静的小店都让人觉得非常质朴自然。巍山的主要看点是城内的一些主要建筑，各有特色又都十分悠久古朴。

巍山物产丰富

巍山古城历史悠久，与大理古城比，这里多了几分厚重、质朴和宁静，巍山县是彝族的主要聚居地，很多特色的彝族小吃，还有大名鼎鼎的扒肉饵丝，古城内的食肆绝对可以满足你的口腹之欲。

扒肉饵丝，巍山扒肉饵丝以其色、香、味俱全而享誉于世。扒肉饵丝成品色泽鲜亮，丝体细匀，汤不浑浊，软而不断，精润可口。

青豆小糕，青豆小糕以大米、青蚕豆为主料，颜色碧绿，口感松软，青豆香气扑鼻，是名副其实的绿色产品。

牛打滚，采用上等糯米粉拌合后煮成汤饼，再将汤饼放入炒香的黄豆面中翻滚，使汤表面都裹成金黄色，按其制作过程，把它形象地称作“牛打滚”。

巍山蜜饯，是巍山久负盛名的土特产，清代曾作贡品入京，品种繁多，有沙生、冬瓜、槐果、橄榄等 20 多个品种。

巍山咸菜，以其香、甜、脆、嫩、色泽光鲜而远近驰名。品种较多，尤以麦蓝腌菜及卜酱豆最具特色。

巍山草墩，独特之处在于其造型、色彩，其形状多样、大小不一，色彩则是由缠在稻草上的布的颜色决定，因为色彩斑斓，且还能呈现各种图形。

巍山古城示意图

特色景点

拱辰楼、星拱楼

拱辰楼是巍山城的北城楼，建于明代。拱辰楼楼架由 28 根大柱支撑，可以从东、西两道小门拾级而上。登上楼顶举目四望，东西南北四条街道向四方延伸，整个巍山古城尽收眼底，十分壮观。

与拱辰楼遥遥相望的星拱楼，是古城的印柄，楼高两层，檐牙高挑，四面开窗，与拱辰楼相比更显俊秀挺拔，在楼的东西两侧则分别悬挂着“瑞霭华峰”“玉环瓜浦”的牌匾，显示出一种醉心的田园生活与闲适淡然的意境。

圆觉寺

圆觉寺是一座幽深而安静的寺院，从山门拾级而上，三层院落依山叠起，逐层升高，院落之间有石阶相连。这里林深树密，环境清幽，颇有些“松下问童子，言师采药去”的意境。整个寺建筑结构严谨，安排得体，寺院周边林深树密，流水潺潺，环境幽静。

东莲花村

东莲花村村里保留着不少令人叹为观止的精美建筑。东莲花村三面环水，环境优美，村中巷道打扫得干干净净，房屋紧凑而有序。这里家家庭院栽种着兰花及各种果树，花开的季节，整个村庄繁花似锦，香气袭人，一派人与自然和谐相处的景象。

温馨贴示

在东莲花村，一年一度的古尔邦节、圣纪节、开斋节等伊斯兰传统节日体现出浓郁的伊斯兰风情，油香、馓子、牛干巴、乳扇等传统清真食品美味可口，多年来深受人们的喜爱。

每年农历二月一日至十五日是巍宝山传统的朝山歌会。每到这时，巍山和邻近县城村寨的民众都会身着民族服装前来赴会。

★一座宅院风姿绰约的影壁。

★清晨，初醒的巍山古城。

★巍山古城古色古香的街道。

★独特的巍山草鞋。

阳光照耀下宁静的古城。

建水古城
滇南邹楚，文献名邦

地址 红河哈尼族彝族自治州建水县临安镇 交通 在昆明站乘坐城际列车或在昆明南部客运站乘坐汽车可到建水 门票 免费 开放时间 全天开放

建水古城古称临安，是一座有着深厚历史的文化名城，古城始建于唐代，距今已有1200多年历史。跟七彩云南的其他地方相比，建水古城更富有内涵。据说当年云南科举考试中榜者中临安府人士要占半数，堪称云南之冠，故有“临半榜”之称。因人杰地灵，文采斐然，故有“文献名邦”“滇南邹鲁”之美誉。

漂在水上的滇南古城

建水在唐朝正式设县，真正有建水这个名字，是在明朝从彝族话音译过来的，彝族话就是海的意思。而这音译过来的名字，恰恰成了描述概括建水最合适的词——建在水上的城。自古至今，每到夏秋，河水溪水爆满，建水边成了海。水是建水城的灵魂，是建水的生命。

在小城的大街小巷，角角落落分布着众多水井，这些水井造型独特，五花八门，有一眼井、两眼井、三眼井、四眼井，甚至还有十二眼井，就像建水城下的水精灵窥探地上世界的眼睛，口口清澈透亮。这些水井里注满的是建水的历史，它们当中的多数是在明朝时期凿建的，至今已有六七百年的历史了，由于常年汲水，井台上被绳索磨出了一道道凹槽，让人震撼，这分明是历史磨出的凹槽，是时光的印记。

建水人的一天是从西门的井水开始的，一挑清凉的大板井水，洗去一夜的昏沉，涤荡肠胃，带来一整天的美好。顺着青石板路上的斑斑水迹，很容易就能找到这些古井。数百年来，建水每一口古井都是活着的，水从未枯竭过，从未浑浊过。建水人喜欢井，他们喜欢和陪伴他们祖先百年的井水相亲，井就是他们的生活，井水里流淌的就是他们的日子。建水人爱护井，不论何时，井水总是清洁透彻的，大一点的井还会有专门的看井人，小一点的井旁一般都会有一个长杆的网漏，专门用来清理水面上漂浮的杂物。几乎每口井里都会养着几尾鱼儿，既让人感觉生机盎然，又能判断井水是否能够饮用。建水人像爱自己至亲的人一样爱水井，几乎每口井旁边都会有一座龙王庙，他们祈求龙王保佑井水长涌长清，保佑井水，就是保佑他们的日子。

“舞功”高强的彝族同胞

烟盒舞是彝族同胞的一种传统舞蹈，

舞者需要两手各拿一个竹子或木头的烟盒弹出节拍，因此而得名。烟盒舞的套路很多，据说至少有200种，主要是模仿鸟兽活动特征，多人合作做出各种高难度的动作组合，比如“鹭鸶拿鱼”“猴子搬苞谷”“鸽子学飞”“苍蝇搓脚”等，经常会有下腰、连环翻滚等动作，有如杂技，极富表演性。

建水十八怪

说起“云南十八怪”，云南人都不陌生。云南十八怪风趣幽默，脍炙人口，声名远播，流传古今。其实云南人杰地灵，奇观怪状，比比皆是，其中仅建水一地，便可再数十八怪。

第一怪：洪武铜钟响天外。今朝阳楼上悬挂的洪武年间铸造的铜钟，传为当年一个像济公一样的机智人以草绳悬挂，曾嘱在他离去七日后方可撞钟，但撞钟人一天后便撞钟，故今洪武铜钟可声传一天路程之内。

第二怪：仙人脚印天上来。建水古城城东的泸江河上有清代古桥名为“天缘桥”，传为天上仙人下凡所造。至今桥面青石板上留有硕大的仙人脚印，凡人到此均以脚与仙人脚印比合。

第三怪：东门比天安门早盖。建水古城建于明洪武二十二年（1389年），而北京天安门建于1417年，如此算来，建水古城现存之东门比天安门早建28年。

第四怪：新房没有旧房帅。建水古城被称为“古建筑博物馆”，寺庙连云，书院相望；亭台楼阁多姿多彩，庭院殿堂金碧辉煌。如文庙、朱家花园、团山民居等，气势之雄伟，风采之亮丽，令新房“自叹不如”。

第五怪：三步走过五条街。建水古城街巷纵横交错，城东永善街处三步便迈过五条街，令人称奇，自古为建水一景。

第六怪：朱家井水漫井外。城内朱家花园庭院中有井，井水水位高出地面，伸手可掬，可自然溢流到井外地面。朱家当年生意兴隆，称此水为“发财水”，经常用之洗手。

第七怪：半亩方塘也叫海。全国的文庙都有泮池，独建水文庙称泮池为“学海”，取“学海无涯”句。

第八怪：四十二个天井一家在。被称为“滇南大观园”的建水朱家花园，规模庞大，富丽堂皇，计有大小天井四十二个，房舍鳞次栉比，院落层层叠叠，犹如迷宫，但仅供朱氏一家在。

第九怪：人人都把孔子拜。建水古城是“诗书郡，礼乐邦”，尊孔拜孔，蔚然成风。每年春节，古城男女老少都要去文庙朝拜孔子，其中文庙盈门，先师殿前，乐舞一片。

第十怪：蜘蛛蚊子知好歹。传文庙先师殿内有“弼蚊珠”和“弼尘珠”，令蜘蛛蚊虫不敢在孔子牌位前惊扰先师。文庙内蜘蛛蚊子也知好歹，敬而远之，远而避之。故先师殿从无蛛网蚊虫，纯属圣地净地。

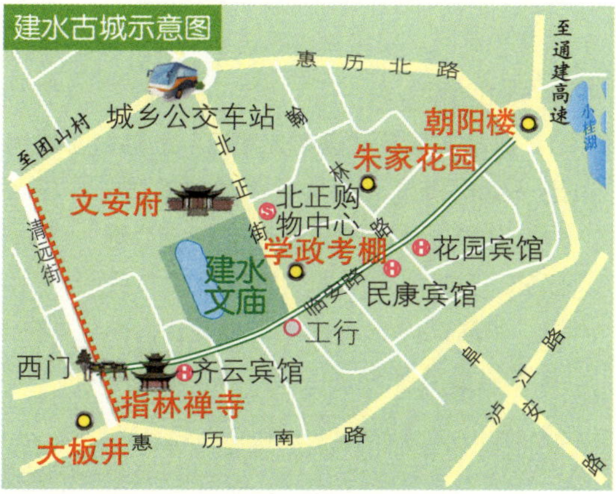

第十一怪：榕树柏树谈恋爱。文庙西明伦有榕柏共生古树一棵，柏树亭亭玉立于中，榕树怀抱柏树于外，相抱相依，生死之爱，令观者感动，谓之曰“万将军抱白小姐”。

第十二怪：柱子出头不会坏。文庙棂星门有四根柱子不藏于顶下而是穿脊而出，称通天柱。除柱顶有清花瓷罩外，约有一米裸露于风雨之中，然而历数百年风雨侵蚀而不朽，实为罕见。

第十三怪：宴席长长摆通街。哈尼族过阿玛熬节时，依街摆桌，各家自上酒菜，全村男女老少转桌而坐，状如长龙，名曰哈尼长街宴。

第十四怪：家家户户吃馊菜。古城家家户户在除夕之夜用上好的猪鸡重油煮青菜萝卜，沤在缸盆内，待有馊味后热来吃，别有一番诱人味道，为传统美食。

第十五怪：草芽当作象牙卖。草芽系水生草本植物生长在根部的芽苞，长盈尺余，色若白雪，状如象牙，趣称“象牙菜”。可炒可汆可凉拌，甜嫩可口，为建水独有之云南名之菜。

第十六怪：燕子窝窝皇帝爱。建水燕子洞特产一种与人参齐名的名贵滋补品——燕窝，是采集白腰雨燕的窠巢取其唾液制成，当年清朝皇帝仰慕其滋阴补阴、延年益寿的功效，对建水燕子洞的燕窝尤其喜爱。

第十七怪：豆腐用玉米数着卖。建水烧豆腐为云南名吃。到烧豆腐摊上去吃豆腐，摊主用一粒粒的玉米为你记数，最后以玉米多少结账，十分有趣，令人想起古老的“结绳记数”。

第十八怪：花花草草都是菜。古人曰：“金临字，银大理，言其绕也。”建水气候温和，土地肥沃，物产丰饶。树上所开之花、山野所长之草，很多均可入菜。

特色景点

建水文庙

建水文庙始建于元代，迄今已有700多年的历史，是中国第三大文庙。建水文庙总体布局采用中轴对称宫殿式，仿曲阜孔庙风格建造，气势雄伟壮观，庄严肃穆。文庙的外面还有一个很大的孔子文化广场，每年9月28日孔子文化节这天，这里都异常的热闹。

朱家花园

朱家花园有“滇南大观园”之称，是一组规模庞大的清代民居建筑群。朱家花园主体建筑分为住宅和祠堂两部分，为建水典型的“纵三横四”民居。其建筑内雅外秀、布局灵活，在丰富的形式中包容了深刻的文化内涵，具有较高的建筑艺术价值。

朝阳楼

朝阳楼位于临安路最东面，也称为迎晖门，是建水的标志性建筑，有“小天安门”之称，朝阳楼建成至今已有600余年，比北京的天安门还要早28年，站在楼顶可俯瞰建水古城风光。楼上有一家临安茶楼，每天晚上都有建水小调表演。

双龙桥

双龙桥位于建水城西的泸江与塌冲河上，因两河蜿蜒如龙而得名。双龙桥全部用凿得很平整的500块石料镶砌而成，是云南省的著名古迹之一，也是云南规模最大、艺术价值最高的一座多孔连拱桥。

★建水狭长的双龙桥。

★气势雄伟壮观的建水文庙。

★朱家大院之门。

★建水遗韵之翰林院。

★可俯瞰建水风光的朝阳楼。

大理古城

苍山之下，洱海之滨

地址 大理白族自治州大理市下关以北约13千米处 交通 大理火车站乘坐8路公交车可到

门票 免费 开放时间 全天开放

大理古城位于风光秀丽的苍山脚下。这里是个适合生活的地方，当地人日出而作日落而息，闲时养花草晒太阳，加之阳光明媚温度适宜。气候和生活节奏吸引着世界各地的游人纷纷涌入古城。

有首歌这么唱道："大理三月好风光，蝴蝶泉边好梳妆。" 3 月的大理是一年之中最美的，风花雪月是不变的主题，可以感受到浓郁的民族风情。大理风光体现在这座小城的每一个角落，等待着游客来寻觅。

下关风

相传在苍山斜阳峰上住着一只白狐仙女，她爱上了下关的一位白族书生，于是变成美女和书生恋爱，但他们的爱情受到洱海罗荃寺的法师罗荃的阻碍，罗荃法师把书生打入洱海底，不让他再跟狐仙交往。狐仙女为了救情郎，去南海求观音菩萨，观音菩萨给她六瓶风，让她带回吹干洱海水，救出情郎。当狐仙女带着六瓶风回到大理天生桥时，罗荃法师早已等候多时，因为法术敌不过罗荃法师，狐仙败走，六瓶风中有五瓶打破，五瓶风力特强，一直都在天生桥吹，故下关的风特别大。狐仙女只带一瓶风回到苍山顶，将瓶嘴对着洱海吹，由于风力不够，始终吹不干洱海水，最终情郎也没有救出，但相传至今狐仙女还是一直不停地吹。

上关花

上关位于大理苍山云弄峰之麓，是自唐代以来拱卫大理的要塞，在关外花树村有棵名为“十里香”的花树，平常年份每朵开十二瓣，闰年开十三瓣，花大如莲，颜色黄白相间，花色美丽诱人。花开期间，赏花游人络绎不绝。花后之果壳黑而硬，可作朝珠，因而又叫朝珠花。据传此花栽种于唐代，至明代还在，徐霞客在崇祯十二年（1639年）三月慕名而来，并且亲赏此花，在游记中详细记载了此花，称“其花黄白色，大如莲，亦有十二瓣，按月而闰增一瓣，与省会之说同；但开时香味远甚，谓之十里香，则省中所未闻也”。这就是著名的上关花。到清代晚期，由于游观的人太多，特别是官府的达官贵人到此观花，都要当地群众招待，人民忍受不了这种负担，于是把上关花砍了。

天上地下三月街

传说云南洱海边上住着一位年轻的白族渔夫阿善。夜晚，他在湖畔打鱼，弹着三弦，唱起渔歌，歌声传到龙宫，龙王小女阿香听见后，来到船上，与阿善结为夫妻。农历三月十五，是月亮里赶集的日子，阿香变成小黄龙驮着阿善来到月宫，与嫦娥、吴刚一起在月宫里大青树下的月亮街游玩。回到村里后，他们把月亮里赶集的情况告诉乡亲，于是大家决定模仿月亮街，在苍山脚下种起三株大青树，每年农历三月十五日在大树周围摆摊设点，让四乡八寨的人前来赶集。后来，这一传统保留了下来，被人们称为“三月街”。

花朝节

花朝节，指的是花市，农历二月二十四日在大理古城中举行，大理家家户户都爱养花，在节日这一天人们换上盛装，把家中各式各样品种的鲜花抬出来放在大门口组成座座的花之山。有杜鹃、牡丹、素馨花、兰花、山茶花、报春花等，届时这里五彩缤纷，香气芬芳，整个古城如同一座大花园。周围村寨，万人空巷纷纷前来赶花市。

大理味道

正宗的大理风味，一定会颠覆口味清淡的云南菜在你心中的印象。当地人喜欢酸、咸、辣的菜，几乎每家餐厅都会有黄焖鸡、酸辣鱼和木瓜鸡。

最具代表性的大理菜当属“生皮”——猪肉宰杀时用火烧皮，然后连皮带半生的猪肉，切丝或切片，伴以蘸料吃，口感十分有趣。马可·波罗的游记曾记载了这一食俗。

芝麻菜也是大理特色，可以清炒，也用来做汤，清口、下火。喜欢吃西餐的人会惊奇地发现，这不就是沙拉里的

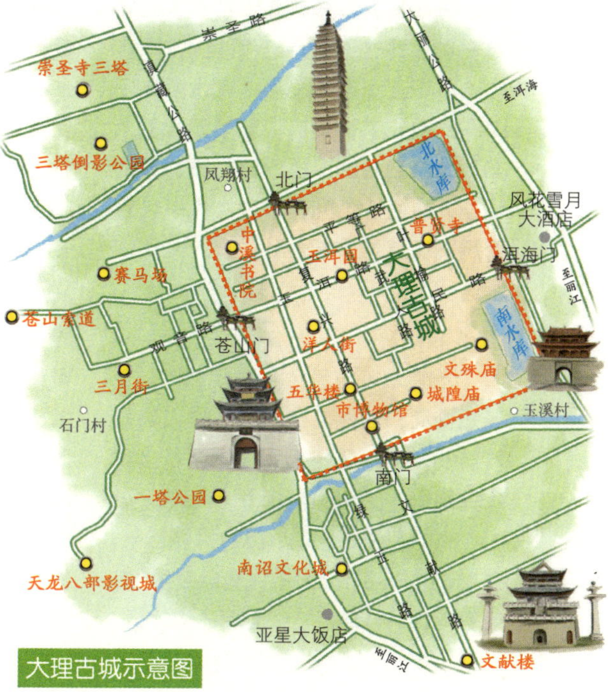

大理古城示意图

rocket（火箭菜）吗。

当地人早餐喜欢吃饵丝，它是以大米磨粉为原料，口感像极细的年糕条。巍山扒肉饵丝最为知名。与饵丝制法相似的是饵块，类似年糕但更柔软些，通常在炭火上烤至微微隆起，中间抹腐乳酱或甜面酱，撒上碎花生和腌菜，最后卷着油条或火腿肠一起吃。

★美味黄焖鸡。

"云南十八怪，牛奶做成片片卖"，指的是乳扇和乳饼。乳扇是夹了豆沙下油锅炸，称"夹沙乳扇"，乳饼则可夹了火腿片上锅蒸。

花亦可食，比如水生的海菜花、白色的杜鹃花和红色的玫瑰花，是一年四季都可以吃到的，夏季可以吃到节瓜花，面拖油炸。若雨季来到大理，不该错过新鲜的野生菌，知名者如鸡枞和见手青。

特色景点

五华楼

在古城中央，有座非常著名的宏伟典雅的建筑，它就是五华楼。五华楼是古时官员宴客的地方，至今已历经1200多年沧桑。五华楼三层楼室有木雕格子门和木雕花窗，楼顶和屋檐是青瓦木梁、四角起翘的斗拱飞檐，梁柱纵横相连，四面八方互相呼应，像一只展翅腾飞的凤凰，既古朴庄严，又华丽飘逸。

洋人街

大理洋人街原名"护国路"，青石板铺面，西起滇藏公路。洋人街虽然不长，但却是整个大理古城最为繁华的路段，这里集聚了众多酒吧，各式风格的装修是这条小街的主要特色。夜晚的洋人街，热闹中蕴含着静谧，既有幽雅的情调，又有美丽的面纱。

三月街

三月街位于大理古城城西，是云南著名的三月街民族艺术节的举办地。每到"三月街"节日期间，远至千里、近到邻县的商人群众，从四面八方赶来参加交易。市场里的商品，从药材到食品，从家具到牲畜，应有尽有，它是滇西商品交易的最大聚集地。

崇圣寺三塔

崇圣寺寺院内的三塔是大理古城的标志性建筑。大理国古时曾有九个国王禅位为僧，任崇圣寺住持，所以崇圣寺有"佛都"之称。整座崇圣寺依山而建，坐西朝东，从望海楼上可以一览崇圣寺全景。崇圣寺三塔西傍巍峨苍山，东临秀丽洱海，三塔浑然一体，气势雄伟，具有古朴的民族风格。

★ 繁华的洋人街。

★ 五华楼斗拱飞檐，梁柱纵横相连。

束河古镇

茶马古镇

地址 丽江市大研古镇西北约5千米处 交通 从丽江火车站乘坐6路、5a路公交车可到达古镇 门票 30元 开放时间 全天开放

束河古镇是当年茶马古道上的重要驿站，依山傍水，构造布局与大研古城相仿，屋舍错落有致，巷道间流水潺潺，环境优美。古镇上最漂亮的地方是青龙桥一带，这里的桥由石板铺就，桥下青龙河水缓缓流过，颇有“小桥流水人家”的意境。

来到束河，漫步在这样一个清新的古镇内，或是休憩于古朴的茶吧，感受束河古镇浓浓的历史文化气息；或是走进农户家里，体验纳西人悠闲自得的田园生活；或是找一片地，静静地吹着风，享受蓝天白云、温暖的阳光，时间仿佛停止。

有着神秘气质的东巴文化

走进一条寂静的小胡同，一座小院落出现在眼前。院子里种满了各式的花草，一树灿烂的白花伸出了墙外，几张木制桌椅就在树下，一套茶具整齐地摆在桌上。在古城的小巷里穿行，所有客栈的招牌上都会有一个类似小房子图形的文字，这种文字就是东巴文字。而包括客栈在内的所有商铺招牌都会用两种文字书写。

在束河的小巷里、曲折回绕的院落中，点缀着这样的东巴文字，不但别致，而且极具神秘的魅惑力。东巴文是中国纳西族过去使用的图画文字及由这种图画演变出来的象形文字。那么纳西族的这种文字为什么叫东巴文，而不叫纳西文呢？这个疑问曾出现在每个对东巴文产生兴趣的人的脑海中。

东巴，是智者的意思，是指纳西族群落中的智者，一个集歌舞文化、经文化、书写图画文化、史籍文化等于一身的人，从某种意义上说，东巴是一种身份和地位的代名词。据说，在遥远的古代，他们可以与神灵交流，与鬼魂对话，在入世的生活里保持着出世的神性。而纳西族群落的各种文化活动就是由东巴带领完成的，所以纳西族

特有的歌舞文化、经文化、书写图画文化、史籍文化等统称为东巴文化。

属于束河的节日

纳西族是一个古老文明的民族，他们的文字是云南最古老的少数民族象形文字。纳西族人民的节日有许多与汉族相同，同西南许多民族一样，纳西族也有火把节。而民族的传统节日，主要是骡马会、农具会、龙王会和朝山会，最具特色的要数棒棒会。

达瓦纳西努：意思为腊月，春节将临，纳西人忙于置办年货，准备过年，忙忙碌碌。除夕之夜，每家餐桌上都必须有腊猪头肉、相鸡、鱼等，表示吉庆有余。正月初一，忙碌一年的妇女可以睡一次懒觉。早上吃素，白天祭祖坟。

棒棒会：农历正月十五，是纳西族传统节日棒棒节。棒棒会实际上是为春耕作准备的一次农具交易的盛会。邻近各县的农民，乃至大理、保山、西藏一带的农民和商人，都携带本地特产到集会上出售，然后购买所需物品。

三多节：纳西族法定的民族节日，时在农历二月初八，相传是纳西族战神三多的生日，他是玉龙雪山的化身，是一位白盔甲骑白马的勇士。

火把节：农历六月二十六日前后，共三天，白天斗牛，晚上点火把，举火游行，群萤乱飞，是仲夏夜的狂欢节。

特色景点

束河四方街

束河四方街是一个类似丽江古城四方街的广场，四方街每逢赶集都会异常热闹。广场四周均为店铺，古老的木板门面、店前黑亮的青石、脚下斑驳的石板路面，以及闲坐的老人，共同勾勒出束河古朴的自然本色，这里凝聚了束河人最厚重的情感与记忆。

茶马古道博物馆

束河茶马古道博物馆的前身是丽江木氏土司在束河的别院，茶马古道博物馆内有壁画六幅，与白沙壁画一样，是云南硕果仅存的明代壁画典范之作，被列为省级文物。其周围建筑为之前的束河小学的教学楼，现已整体保护，是游客了解茶马古道历史文化的重要场所。

青龙桥

青龙桥建于明朝万历年间，距今已有 400 多年历史。青龙桥曾是茶马古道的必经之路。青龙桥的桥面经过百年风雨的洗刷而变得斑驳苍老，却不失它的英雄气概和厚重感，站在桥上，仿佛能听见马蹄的声音依旧在回响。

九鼎龙潭

束河古镇街头有一潭水，被人们称为“九鼎龙潭”，潭边绿树环绕，潭中泉水清澈，游鱼可数，从潭中溢出的流水蜿蜒于村中道旁，远近有声。在九鼎龙潭旁边还有两座古老的建筑，一座是龙泉寺，另一座是三圣宫。

白沙古村

在束河古镇不远处有一个古老的村庄——白沙古村。白沙古村最著名的是这里的壁画，是壁画艺术中的珍品。古村有一种让人着迷的氛围，像丽江古城一样的小桥流水，蓝得令人流泪的天空，还有这里暖暖的阳光。

★ 束河古镇的壁画。

★ 悠闲的束河古镇。

★ 古韵十足的文化长廊。

★ 悠然漫步在古镇的街道上。

和顺古镇

云南著名的侨乡

地址 保山市腾冲城西南约4千米处 交通 乘坐出租车从腾冲城区到和顺古镇

门票 55元 开放时间 全天开放

和顺古镇始建于明代，因小河绕村而过故名“河顺”，后文人雅士取“士和民顺”之意而更名为“和顺”。古镇建筑环山而建，从东到西渐次递升，一座座明清时期的祠堂、牌坊、古宅遍布古镇，镇子前一马平川，清溪绕村，垂柳拂岸，一派和谐的田园风光。

走进和顺乡，古朴典雅的祠堂、月台、亭阁、石栏比比皆是，这里的风光如诗如画，光滑的石板路、古朴沉静的老房子、清澈的溪流，让人感觉到这里生活的宁静与安详；古城外是碧绿的水稻，稻田中有悠闲自在的白鹭，一切都让人们体会到一种安静的美。

哲学家艾思奇

艾思奇原名李生萱，1910 年 2 月出生在和顺乡水碓村。艾思奇两岁就随父在外，青少年时代曾两次东渡日本留学，1935 年正式加入中国共产党。

艾思奇一生写出了许多脍炙人口的哲学著作，代表作有《大众哲学》和《哲学与生活》两本书。另外，他的《辩证唯物主义和历史唯物主义》一书，长期以来都是高等院校的哲学教科书。

到和顺古镇追忆《北京爱情故事》

一部《北京爱情故事》，道出了北漂族的爱情心声。在片中，我们看到一座美

丽的古镇——和顺古镇，一个小桥流水人家的地方，一个让人一见就会深恋上的边陲古镇。

和顺就像剧中的沈冰一样清澈而安然自若，像沈冰的母亲一样传奇而深情厚重。光滑的石板路、古朴沉静的老房子、清澈的溪流，没有路灯的安静的夜晚，让人感觉生活的宁静与安详，还有古城外碧绿的水稻、稻田中悠闲自在的白鹭，唯美得那么不真实。

乡前一马平川，清溪绕村，垂柳拂岸，夏荷映日，金桂飘香，让人流连忘返。

和顺古镇示意图

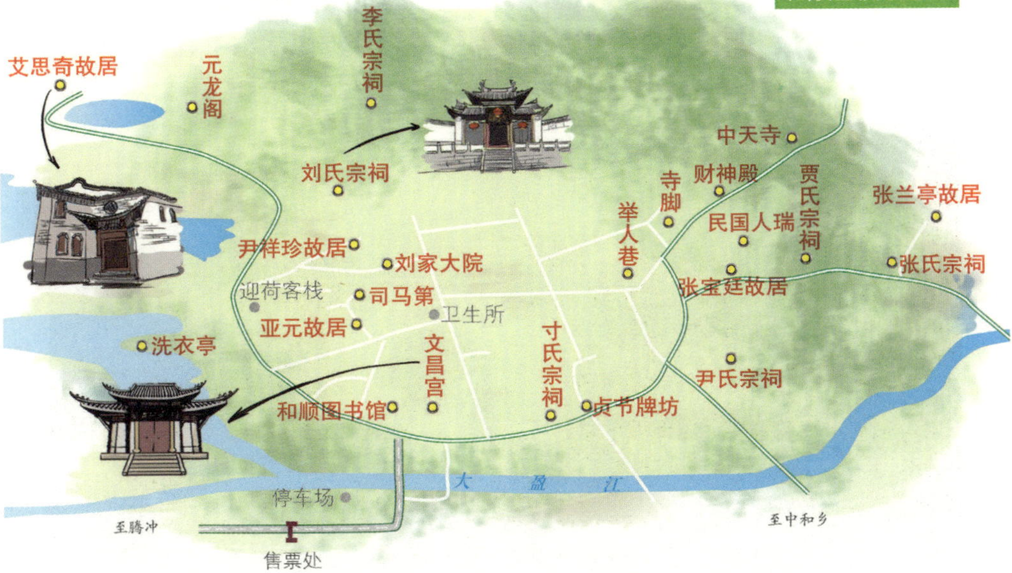

特色景点

和顺图书馆

和顺图书馆位于和顺乡双虹桥畔，是1924年由华侨集资兴办的，是中国乡镇创立最早、规模最大的图书馆。这一中西合璧的建筑群由大门、中门、花园、馆舍主楼、藏书楼几个部分组成。图书馆前有一个小花园，美观素雅，苔痕斑斑的石壁足以证明其历史的悠久，古色古香的建筑和文人墨客的题词更显出一份凝重。

艾思奇故居

艾思奇故居是一幢中西合璧的砖木结构四合院楼房。故居的建筑较为精巧，高屋大院，串楼通栏，前面还有西式小阳台，正房前厅有一石砌圆形拱门，青藤缠绕，古朴秀雅。故居前面是元龙幽潭，后面紧靠着凤山，地势高旷，环境优美。

洗衣亭

在和顺前面的三合河边，有六七个形态相似的小亭，这是出国闯荡的和顺男人们为留守家中操劳、养老扶幼的女人们建起的一座座洗衣亭，以让这些持家的女人们在劳作时不被风吹雨淋。夏日可遮蔽艳阳，冬日可躲避冷雨，充分体现了和顺男人对女人的关怀。

滇缅抗战博物馆

滇缅抗战博物馆是我国第一个民间出资建设、民间收藏、以抗战为主题的博物馆。馆内有6000多件文物、1000余幅老照片，其中有39件曾作为中美友谊的见证随国家领导人访问美国，真实再现了远征军抗战的辉煌历史。

★和顺侨乡多古建。

★巍峨的和顺牌坊。

★从古镇能远望到青山影影绰绰。

★古镇暮色。

官渡古镇

古滇文化的发祥地

地址 昆明市东南郊官渡区 交通 乘坐31、c85、154路公交可到 门票 免费
开放时间 全天开放

昆明官渡是个很老的古镇，唐宋时期就是经滇池进入宝相河到昆明的一个渡口。官渡古镇历史悠久，是滇文化发祥地之一。这里曾经是滇池东北岸一大集镇和交通要冲。

站在古镇南桥上，大溪河穿过新的官渡大桥，缓缓而来。而往下游，一带远山捧起朵朵白云，同近处清冽的河水点画出一幅恬淡的山水画来。官渡的久远历史，其实也埋藏在这镇南桥旁边的河清街上。

带你游一游官渡

一看古镇古韵。官渡古镇最大的看点在于一个“古”字：古桥、古道、古井、古木星罗棋布，明清风格的百年老屋遍布小巷深处，间有小桥流水，环境十分古朴幽静。建筑艺术独特、结构精致、形式典雅，尤以国家级重点文物金刚塔最为著名，是我国现存最古老、建筑规模最大的金刚塔之一。最令人称奇的是，这些建筑大多建在厚厚的螺丝壳堆积层上，仿佛整个古镇都是由这些螺丝壳托起似的，堪称建筑史上的奇迹。

二数古滇奇葩。这里是古滇文化的发源地之一，有着积淀深厚的文化底蕴。2000 年，因羊甫头青铜文化遗址的发现而让“沉睡”的 600 多件国宝重现辉煌，成为全国十大考古发现之一。官渡镇过去的“五山”是螺丝壳堆成的高地。古镇也是一个建在螺壳上的集镇，正是螺壳的堆积，成就了一种古镇特有的“贝丘文化”。

三游官渡八景。古渡口渔船上的灯火闪烁，恰似满天灿烂星光，因此有了“古渡渔灯”；螺峰山碧绿层叠、交相辉映的“螺峰叠翠”；原古镇岸边的“云台月照”；昔日士大夫和游客赋诗、饮酒、对弈作乐的“杏圃牧羊”；晨夕薄雾炊烟四起，久绕斯阁不散的“凌云烟缭”；清朝前古镇集市“九转花街”移市的“滇南草坪”；传说妙湛寺大门两侧泥塑金刚像的“金刚夜语”；妙湛寺前十三层东西双塔犹如神人大师书写诗篇，“笔写苍穹”。

四听花灯小调。除了灿烂的物质文化遗产，古镇还蕴含了丰富的民俗古风。传统的地方服饰、浓重的老昆明标准音、热闹的集市文化、经久不衰的花灯小调、精美的刺绣和剪纸，以及每年农历二月十九日的土主庙会等都魅力四射，吸引着各方的客人。

五尝官渡小吃。官渡小吃香飘万里，官渡饵块、官渡米线和官渡麦粑粑，这“三宝”和作料多多的抓抓粉、香甜爽口的米凉虾、甜蜜蜜的甜白酒、粉嫩嫩的豌豆粉、香辣浓烈的麻辣田螺等构成了官渡古镇源远流长的饮食文化。无数千里而来

★ 官渡古镇的妙湛寺双塔。

的游客食指大动，他们或蹲或坐，在路边小摊捧上一碗吃得嗞溜有声，这也成了当地又一道别致的饮食文化风景线。

官渡八景

古渡渔灯：因古时滇池东岸延伸至今尚义村附近，曾经置为东渡口，是东西往返必经水路要道，在渡口处设置灯塔，晚间塔内灯光明亮，作为滇池船只投宿东渡口标志，加之渔船上灯火闪烁，恰似满天灿烂星光，奇丽无比。

螺峰叠翠：螺蜂山在尚义村东面，纯系螺蛳壳堆积而成。螺壳是古代居住渡口渔民食螺肉后遗物堆积层，层中夹有较多陶器片屑。山巅上建有法定寺，是官渡古镇六寺之一。在此山四周原植有柏树数百株，依山脚层叠至山顶寺周围，每晨阳光照射在树叶上，碧绿层叠，交相辉映，令人流连忘返。

云台月照：云台宫建在原古镇岸边，新中国成立前为官渡农校使用，后改建为昆明市第九中学学生宿舍。池中有洞穴，出水量大，常年水清如镜，每当晚间月明时节，深夜月稍偏西，整个宫殿倒影于池中，清风拂过，宫影荡漾，恰似水晶宫图像，煞是好看。

杏圃牧羊：原址在尚义村观音寺和云台宫之间，即古渡口岸边，时植有大片杏树间杂竹子，是古代士大夫和游客赋诗、饮酒，对弈作乐之胜地，身处其中心旷神怡。每年春天绿草丛生，村中牧童每天齐集园中放牧羊牛。牧童载歌载舞，捉迷藏，玩游戏，欢快异常，充分展示春日来临的乐趣。

凌云烟缭：凌云阁在今孔子楼址，赛

典赤为云南平章政事后，因其提倡儒学，大兴修建孔子庙，将此阁改为孔子楼。《凌云阁赋》碑文中："登斯楼夕阳满楼穿疏透阁，襄影蒙龙，斜辉飘落玉宇。"楼阁北近宝象河堤，其余三面住宅环绕，晨夕薄雾炊烟四起，久绕斯阁不散。

滇南草坪：清朝前官渡古镇集市在今西庄大村巷内，今巷内建筑已大为改变，由于过去住居周围人口稀少，赶集人数不多，此巷已够容纳。但每年农历二月十九日土主庙会时，不仅市区居民前来参加庙会，邻县居民也蜂拥而至。

金刚夜语：此系地方传说，原妙湛寺大门两侧有泥塑金刚像，寺内僧人较多，每当农民办理丧事时，该寺僧人常为死者吊祭诵经，直至深夜始归。一次僧人至九门里十甲村办毕丧事夜归，至于今织布营村西面苍沟大桥时，僧人中有年轻者，依稀看见两位金刚正坐在桥边窃窃私语，故名此桥为金刚桥。

笔写苍穹：原妙湛寺前，今先锋卫生院址，有 13 层密檐方形实心塔两座，东西相对峙，西塔于清道光十三年（1833 年）大地震坍塌，东塔今仍存于卫生院天井中。每值冬秋夜晚，塔受光的照射倒影很似笔尖，阴影移动。犹如神人大师挥动大笔，书写诗篇，赞美天地，祝福人间。

★古牌坊。

★法定寺前威武的石像。

★官渡古镇颜色鲜艳的古建筑。

黑井古镇

古产贡盐

地址 禄丰县西北的龙川江畔 **交通** 楚雄市客运东站每天有班车前往黑井古镇

门票 30元 **开放时间** 8:30~17:30

黑井古镇自古以来是个产贡盐的地方。它依山傍江，是一个久封于龙川江河谷中的小镇，是云南四大古镇之一。这里民风淳朴、风景秀丽，是个遗世独立的地方。

与丽江古城小桥流水的优雅不同，黑井古镇多了几分古老和沧桑的感觉，凹凸不平的砂石路和斑驳陆离的石墙记载着岁月的痕迹，奔流不息的江水诉说着古镇曾经的辉煌。

黑井古镇示意图

武家大院的大门为何朝北开

据说当年由于武家大院盖得过于豪华，大有压住县衙大门之势，官家不得不做出一条规定：不准武家将大门开在正街上。武家动了一番脑筋后，干脆将大门朝北而开，并让大门不与墙平行，而是稍斜于墙正对不远处的文庙，以求纳一股祥和之气，承一袭儒学之分。

特色景点

黑牛盐井

盐井作坊被一条小路分为两个区域，上半部分是出盐的卤井和一层层的晒卤台，下半部分则是沉淀池和熬盐的工房及黑井的人物志，盐坊的纪念馆中有一块几乎成了化石的盐巴，向人们展示着黑井古镇制盐业的古老历史。

庆安堤

庆安堤位于黑井镇南侧的龙沟河两岸，是当地人为了生存与制盐战胜自然的杰作。整个庆安堤是一座用条形红砂石修筑成的大坝。石与石的衔接部分均有一对燕尾槽式的接榫，榫中以铁水浇铸，将块块巨石牢牢地连接为一个整体，做工之精良令人叹为观止，黑井人都自豪地称之为“小长城”。

武家大院

武家大院始建于清道光十六年（1836 年），是西南地区罕见的古民居建筑群。如今走在武家大院里，你依然能感觉到它的富贵之气及当年的“意气风发”。

大龙祠

大龙祠全称为“大井龙祠”，它始建于明代，大龙祠内供奉着几位影响了此地历史发展的名人。这里的古戏台曾是整个黑井地区最具有娱乐精神的地方，在这里还能够通过文物陈列，图文并茂地了解黑井地区的历史和那些历史上重要的人物。

飞来寺

飞来寺建在古镇旁的山上。站在寺前可远眺玉壁山上文笔塔，从寺里向下看，深深的峡谷中，龙川江从中穿过，小镇的建筑零零散散地点缀在江的两岸。

温馨贴示

黑井的静和古朴只适合慢行。访古观景，一切都在于品它的古韵，品它的醇香：古牌坊、古盐井、古石雕、古龙祠、古院、古寺、古街、古宅，无不散发着古味旧韵。去黑井是一定要住上一夜的，而且定要住在私人宅院改成的客栈里才能真正体会到这里“原汁原味的美”。

★古镇的节孝坊。

★黑井古镇的标志雕塑——黑牛。

娜允古镇

中国最后一个傣族古镇

地址 普洱市孟连傣族拉祜族佤族自治县 交通 娜允镇就在孟连县城内，步行即可到达

门票 免费 开放时间 全天开放

娜允古镇是中国至今还保存着的最后一个傣族古镇，已被列为傣族历史文化名城。古镇虽然历史悠久却至今仍保留着傣族古城的特色和风韵，蕴含着丰富多彩的傣族土司文化，有着珍贵的历史价值和艺术价值。

娜允的建筑并不古老，但依然保持着原始的风格。尽管未施粉黛，却显天然秀丽。它没有刻意的雕饰，也没有因为炫耀而打扮几分，更不会因为想要博得你的注意而搔首弄姿。

★古镇独特的傣族舞。

★ 孟连风雨桥。

品一杯娜允红珍

“娜允红珍”是红茶中的精品，采摘是非常讲究的，每天大清早就要去采茶，太阳出来就不能采了，因为要让晶莹透亮的露水披在茶叶上，以增加湿润度。此茶都是一芽一叶，条索均匀，香气平和，颜色金黄透亮。此刻，一壶红珍在手，万种烦恼皆消。用珍茗金龙水泡此茶，口感极佳。冲泡时，5 克红珍即可，水温需要90℃,5秒就可出汤。品之，那不淡不浓、极其自然的茶香沁人心脾，让人唇齿留香，百品不厌。

孟连神鱼节

每年 4 ~ 5 月，穿古镇而过的南垒河边，都会有人山人海的水上狂欢节——孟连特有的传统节日“神鱼节”。

当地民间传说，远古时候，这里的人生活艰辛困苦，佛祖专派蕨菜和神鱼来到傣族生活的地方，从此河流鱼卵繁殖，河岸长满蕨菜，人们的日子有了改善。但是，蕨菜和鱼都有生长的周期，不可乱采滥捕，只得选择一个吉日后才能大量捕食。为了记住幸福时刻的到来，“神鱼节”就年复一年地传承了下来。

中城佛寺的传说

相传一位僧侣受佛祖指派到缅甸取经，取完经书用马驮着经书归来，当途经芒弄、下允角、芒洪三个村寨时，驮马分别将一前肢下跪片刻后又继续赶路，走到中城佛寺所在地时，驮马的两前肢都跪到了地上，无论采用什么措施驱赶，驮马都不愿起来。由于这里位于古城中心，又是驮马两前肢下跪的地方，人们就在这里建了一座较大的佛寺。

特色景点

宣抚司署

孟连宣抚司署俗称“孟连土司府”，始建于明代永乐四年（1406年），是傣族土司刀氏的衙署。孟连宣抚司署是云南唯一汉、傣两族建筑合璧的古代建筑群，司署房屋共3台，有正厅、议事厅、后厅、厢房、门堂等其他附属建筑，是一片雄伟的古建筑群，独具特色。

上城佛寺

上城佛寺建于同治七年（1868年），又名“景儿”，紧靠龙血树群落，是娜允古镇的一个重要组成部分。寺里的佛龛上塑有释迦牟尼像，周围悬挂着各式各样的幡，幡上记述着傣族的神话和故事传说，并通过民间剪纸、织锦、彩绘等形式，把傣族的历史、建筑、生产、生活等生动形象地表现出来。

中城佛寺

中城佛寺建于1910年，佛寺不仅是傣族文化、历史发展的见证物，还是传播傣族文化、历史、宗教、信仰的阵地。在这里的人还不断地传播本民族文化，使这里成了当地傣族群众继承和弘扬民族文化的重要场所。

孟连大金塔

孟连金塔坐落于南垒河畔，由8个小塔环抱一个主塔构成，主塔高约32米。每座塔均挂着风铃，有风吹过时，风铃便发出清脆的叮当声，让人感受到别样的意韵。在孟连金塔的附属建筑中最主要的是四个环绕于塔基周围的方亭。四大天王各护一方世界，合起即“风调雨顺”，寓示着五谷丰登天下太平。

勐外土司避暑山寨

“勐外”傣族语的意思是容易上天的地方，这里依山傍水，山泉纵横，自然生态环境良好，孟连第七代土司刀派约因病退位，选择这里作他隐居的地方，从此这里便成了土司家族的避暑山寨。

上允角

上允角旅游村已有700多年的历史，至今保持着傣族古老的特色和风韵，同时也保存着我国最完整的傣族民族建筑。在上允角村，游客既可以观赏优美的自然风光，还可以体验傣族古朴的民族风情。

★古镇欢乐的泼水节。

★傣族特色建筑——中城佛寺。

团山古村
云南最精美的古民居群

地址 红河州建水县团山村 交通 建议乘坐建水小火车前往，终点站即为团山
门票 35元 开放时间 8:00～18:00

团山村位于建水古城以西约13千米处，历史上是彝族的居住地。村庄建在一块坡地之上，背依青山，西邻肥沃的西庄坝子。全村共有百余户人家，房屋全是砖木结构的深宅大院，古色古香，一户挨一户，栉次连毗，像是一个博大丰富的古建筑博物馆，历史的风云变幻都隐藏在其中。

团山村建在半山腰，傍山面坪，青山依村庄，白水绕村流，俨然在你的眼前展开一幅清新的水墨画。民居的外表并不起眼，但里边精致的木石雕刻琳琅满目，精美别致，诗书字画与木石雕刻装饰细部，文气浓郁，建筑空间景观层次丰富，轮廓优美。

亘古的活态文化

团山村不仅拥有令人惊叹无比的静态文化——古民居群落，同时还拥有丰富的活态文化——祭祖活动。这是团山村春节期间的传统习俗活动，农历正月二十日的祭祖活动，农历三月初一、初二、初三举行的朝金银山会，这两项活动均是团山村传统的祭祀活动。除此之外，团山村的民俗活动还有农历五月初五过端阳节，农历六月二十四日要过火把节，农历七月秋收时节要过传统的牛王会，农历八月十五过中秋节，以上节日均要举行多项传统活动，所有节庆民俗活动尤以每年的“祭祖节”最为隆重。

团山“祭祖节”于每年正月二十日如期举行，祭祖活动的前一天，村民要将村子打扫得干干净净，这天晚上，村里的长辈代表和祭祖活动的负责人还要聚在一起最后确定落实祭祖活动的各项准备工作，祭祖日这天，9:00~11:00是迎接时间，主要是迎接张氏家族散居在云南各地前来参加祭祖的代表，同时迎接邀请来的舞龙

队、舞狮队、腰鼓队、花灯队等。12:00 所有参加祭祖活动的人员统一在上庙内集体就餐。13:00 祭祖礼仪开始，分别由二世祖后裔中的长老们轮流主持。

团山张氏家族

600 年前有一个张姓家族自江西迁往云南建水团山繁衍子孙、创家立业。张氏宗族的真正发达是在清末民初。清光绪年间，国内外对锡矿资源的需求很大，团山很多张家人积极参与个旧锡矿的开发，挣得巨额钱财，皆回乡盖建豪宅，光耀门庭。

传说张家老祖宗活到了两百多岁，儿孙满堂，问为何长寿，他在一张纸上写下百个“忍”字，为后人留下了“百忍”家训。张氏宗祠的门联为“大启万年新世界，恪守百忍旧家声”，横批为“书香世第”。忍，忍耐、忍受、容忍、忍辱负重，这就是张家的家训。“一勤天下无难事，百忍堂中有太和”，楹联不仅是写在纸上挂在门外的，而且作为其家族的处世哲学而代代传承。

特色景点

张家花园

张家花园是一座城堡式的私人住宅庄园，张家花园里最有名的是戏台，这里雕梁画栋，木雕、石雕十分精美。新中国成立后，张家花园收归国有，分给了几十户贫下中农居住，但张氏后人并没有就此没落，改革开放后，他们又成为村中走出的优秀人物代表。

司马第

团山古村里居住的大都是张氏家族，但是有一家例外，就是司马第的主人毛氏家族。毛氏家族在清末民初的时候和张家花园的主人张国民兄弟合资开矿，后来随着产业规模的做大，也就举家迁居至团山古村，建司马第宅院。

皇恩府

皇恩府据说是清朝为表彰房主母亲朱氏恪守当时奉行的封建礼教，被授予“皇恩旌表”匾额，以昭彰其美德而得名。皇恩府是典型的团山民居，有两个大天井，厅堂大气，木雕精美。府中最有价值的文物是木雕屏门与格扇窗，其雕刻图案丰富多彩，透雕与浮雕相结合，制作精良，典雅优美。

★古村中一只猫在休息。

★团山古村整洁的街道。

★古村民居里的字画。

360°
全景旅行
畅游云南

第三章

最纯净优雅的七彩云南

066-111

滇池
高原明珠

地址 昆明市西南部西山区滇池路1318号 交通 市内乘坐24、44、73等路公交车可到
门票 免费，海埂公园玻璃栈道20元 开放时间 全天开放

滇池位于西山脚下，北端紧邻大观公园，云南民族村与西山公园隔水相望。滇池又称昆明湖，是云南最大的淡水湖，也是中国第六大淡水湖。五百里滇池烟波浩渺，游客可以在湖边漫步、乘船游湖，冬季还能喂鸟；也可以登上龙门俯瞰滇池，让人心旷神怡。

如今的滇池已经没有当年“五百里滇池奔来眼底”的壮阔之感。在城市的包围中，却依然波光潋滟柳条柔，多了几分从容、柔美之媚。还有那每年飞过来越冬的红嘴鸥，让看来宽广、宁静的湖面，无比生动起来。

滇池的爱情

相传很早以前，昆明一带没有湖泊，也没有小溪，只有一片贫瘠的土地，成千上万顷土地都是靠天吃饭。不知从何时起，这里再没有一滴雨，田野变得干裂荒芜。一个年轻的猎手，为了给昆明寻找水源，告别了新婚妻子，走了不知多少年，终于来到了东海边。他在海边看到一只鹰，从海面叼起一条小红鱼。他一箭射下老鹰，救起了小红鱼，没想到这条小红鱼是东海龙王的三公主，龙王看到青年猎手英武善良，就想把女儿嫁给青年猎手。青年猎手执意不肯，龙王便将猎手变成了一条小黄龙。小黄龙忘不了对妻子和家乡的思念，一天，他趁龙王不备，放开量喝足东海水后，飞回了昆明。然而，妻子由于思念过度而死，化作睡美人山，小黄龙悲痛欲绝，吐完肚中的海水，撞山而死亡，他吐出的东海水汇成了滇池。从此，有了滇池水的昆明变得富饶而美丽。

古今第一长联

大观公园因悬挂着清代名士孙髯翁撰写的 180 字“古今第一长联”的大观楼而得名。全文是：

五百里滇池奔来眼底，披襟岸帻，喜茫茫空阔无边。看：东骧神骏，西翥灵仪，北走蜿蜒，南翔缟素。高人韵士何妨选胜登临。趁蟹屿螺洲，梳裹就风鬟雾鬓；更苹天苇地，点缀些翠羽丹霞，莫辜负：四围香稻，万顷晴沙，九夏芙蓉，三春杨柳。

数千年往事注到心头，把酒凌虚，叹滚滚英雄谁在？想：汉习楼船，唐标铁柱，宋挥玉斧，元跨革囊。伟烈丰功费尽移山心力，尽珠帘画栋，卷不及暮雨朝云；便断碣残碑，都付与苍烟落照。只赢得：几杵疏钟，半江渔火，两行秋雁，一枕清霜。

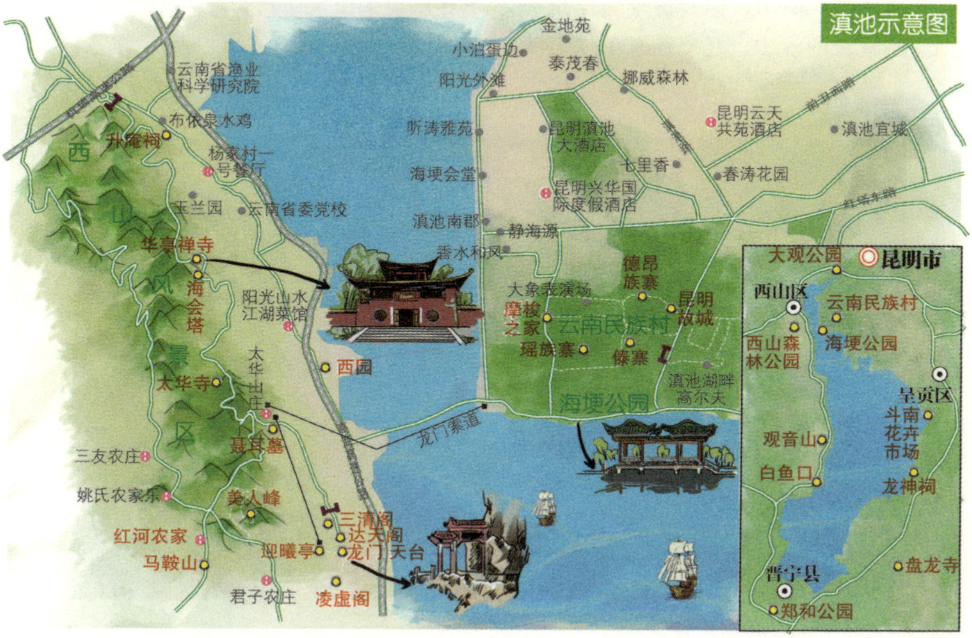

特色景点

大观楼公园

大观楼历史悠久，文化底蕴深厚，是天下名楼。大观楼始建于康熙年间，因其面临滇池，远望西山，尽揽湖光山色而得名。大观楼临水而建，楼高三层，其中题匾楹联佳作颇多，最著名的当然要数“古今第一长联”。登上大观园楼，凭栏远眺可欣赏滇池和西山美景。

海埂公园

“海埂”就是横海之埂，原是一条由东向西横插在滇池中的楔形长堤。埂南为浩渺的滇池，埂北为“草海”。海埂公园绿柳成荫，碧波荡漾，渔舟风帆，园林景色与池畔渔村相互辉映，景色迷人。

西山森林公园

西山是一个峰峦起伏、林木苍翠、百鸟争鸣、景色秀丽的森林公园，进入西山，你会发现这里是一座真正的沙山，几乎连一小块石头都难以见到，樟子松随着山峦的起伏而高低错落。昆明人有“三月三，耍西山”的习俗，每年的这一天四方人士常常云集一起，唱山歌、对小调、耍龙舞狮，热闹非凡。

袁晓岑艺术园

袁晓岑是云南著名的雕塑艺术家，艺术园以大色块的园林布局，简洁明快，正面远眺西山，后面流水环绕。从东门入园，映入眼帘的是一组“东骧神骏”群马奔腾的巨型雕塑。马匹充满灵性，力道雄健，多骨丰筋，天然奔放，全无圈养之气息，真乃神骏也。

云南民俗村

云南民族村四季如春、气候宜人、鸟语花香，集多个少数民族于一村。民族村寨采用复原陈列的手法展示云南的民族风情。走进村里能看到不同风格的民族村寨分布其间，错落有致，各少数民族丰富多彩的村舍建筑、生活习俗都真实地展示出来。

★滇池日落。

★滇池晨曦。

★红嘴鸥飞过滇池。

石林

天下第一奇观

地址 昆明市石林彝族自治县，距昆明约120千米处 交通 昆明东部客运站每天有多班班车前往石林景区 门票 140元（包括大小石林、万年灵芝、李子园箐和步哨山），乃古石林25元 开放时间 7:00～18:00

石林景区素有“天下第一奇观”的美誉，也是昆明的必游景点之一。石林是典型的喀斯特地貌，石峰、石芽、落水洞、地下河遍布，峰林幻化成各种形态，剑状、塔状、蘑菇状等，千奇百怪美轮美奂。

云南石林无论是类型分布的多样性、熔岩发育的独特性、地质演化的复杂性、岩石机理的美学性还是人文风情的融合性、入内观赏的通达性等方面，在世界同类型喀斯特地区都名列前茅，尤其是石林有部分区域由石灰岩与玄武岩交叠覆盖演化而成，更是世界罕见。

行程推荐

如果到云南旅游的时间不是很多，建议石林一日游行程。最好选择上午出发到达石林，再乘坐直达景区门口的班车。到了景区门口，可以聘请一位导游，带领着参观石林。直指蓝天的剑般锋利的石头，各形各样，各具特色。慢慢走，慢慢看，倒真能感觉出几分像这又像那的韵味来。运气好的话还能在途中听到有姑娘们自发的山歌对唱表演。

美丽的阿诗玛

石林景区有一块“阿诗玛”石，千百年来，她日夜伫立在那里，翘首盼望着阿黑哥的到来。

传说贫苦的格路日明家生了个美丽的姑娘，爹妈希望女儿像金子一样珍贵闪光，给她取名叫“阿诗玛”。阿诗玛长大后爱上了和她青梅竹马的孤儿阿黑，立誓非他不嫁。但财主热布巴拉的儿子阿支也看上了美丽的阿诗玛，他们乘阿黑到远方放羊之机，派人抢走了阿诗玛并强迫她与阿支成亲，阿诗玛誓死不从，被鞭打后关进了黑牢。阿黑闻讯，日夜兼程赶来救走阿诗玛。但狠毒的热布巴拉父子不肯罢休，勾结崖神，乘阿诗玛和阿黑过河时，放洪水卷走了阿诗玛。后来阿诗玛变成了石峰，变成了回声神，你怎样喊她，她就怎样回答你，她的声音、她的影子永远留在了人间。

石林示意图

特色景点

大石林

大石林由密集的石峰组成，远观如一片青灰色的石海。这里的石峰陡峭险峻，高大挺拔，犹如无数的利剑直刺青天。石柱之间，大路小径盘桓相交，进入其中，如入迷宫。各具形态的石峰以充满想象力的形象展现在人们面前，古往今来的摩崖石刻更让大石林充满了人文魅力。

小石林

由众多石屏组成的小石林较大石林更显疏朗、清雅。一座座形如屏风的石壁将小石林分割成若干园林，配上芳草绿树，更显温婉秀丽。著名景点“阿诗玛”蕴含着一个古老动人的爱情传说，静静伫立于五彩灯光照射之下的夜空中，充满诗情画意。

步哨山

步哨山景区位于大石林之东、小石林之南，山顶海拔约 1796.7 米，为石林风景区内海拔最高处。登高望远，奇峰异树，古藤怪石，石林美景尽收眼底，可谓“无限风光在顶峰”。

万年灵芝

万年灵芝景区位于大石林以南，地层上厚下薄，裂隙上少下多，造成石柱上粗下细，状如灵芝，连片分布，蔚为壮观。该区地势开阔，植被以灌木为主，草木稀少低矮，成片高大的灰色蘑菇状及塔状石峰仿佛参天巨人，沉吟于天地之间，遗世而独立，厚重而肃穆。

李子园箐

李子园箐景区位于大石林之南，以景区环林南路相隔，呈东西向长方形，为典型的溶蚀洼地。景区植被繁茂，地域特色鲜明。石峰间绿树成荫，小径旁蕨草丛生，春来石岩间野花浪漫，盛夏石峰绿萝凉爽怡人，秋季乔木落叶萧萧，冬有青松伴奇峰。

★一泻千里的大叠水瀑布。

★莲花池水边的风景。

元谋土林

神秘的魔幻世界

地址 楚雄彝族自治州元谋县物茂乡罗兴村 交通 从县城到景区每天都有班车 门票 浪巴铺土林70元，物茂土林80元，虎跳滩土林80元，新华土林70元 开放时间 7:00～19:00

说起元谋很多人可能只知道元谋人遗址，殊不知元谋最惊艳的当属土林。元谋土林多达 18 处，土林多由沙粒、黏土组成，历经千百万年地质作用形成了如今破碎的地形。远远看去，如林的土柱变化层出不穷的姿态，土柱中夹杂的石英、玛瑙等物质在阳光下反射出奇异的光彩，让人不得不感叹大自然的鬼斧神工。这里也是摄影爱好者的天堂，拍出的照片非常壮观。值得一提的是，元谋土林还是《无极》《千里走单骑》等著名电影的取景地。

土林的形成

土林是由于长期的流水侵蚀而形成的一种自然的地貌类型，多由沙粒、黏土组成。土林中还有丰富的动植物化石，如巨大的栎属性硅化木、剑齿象、中国犀、剑齿虎等，是在

★ 阳光下反射出奇异光彩的土林。

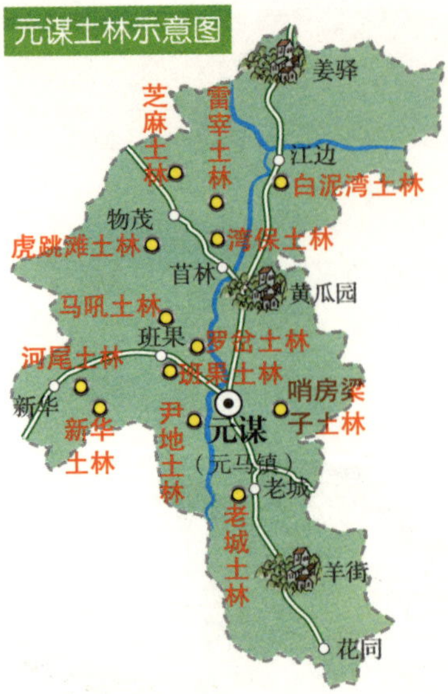

距今两百万年前的早第四纪积淀下来的。土林的砂子和黏土中含有少量钙质胶结物，间或夹杂一些铁质结合体。由于这些土壤在漫长的岁月中，不断吸水、膨胀、失水、收缩，致使地面龟裂；加之雨水延裂缝冲刷、流动，久而久之，裂缝逐渐加深、扩宽、延长，土柱逐渐显露、增高，因而形成土林。土柱中夹杂的石英、玛瑙等物质，经冲刷显露出来后，在太阳的照射下，会反射出奇异的光彩。

土林摄影攻略

土林的风光非常奇特，湛蓝的天空、黄色的砂土“森林”在相纸上会呈现出绝妙的效果。如果专门为摄影而去，建议在楚雄住一夜，或者直接住在土林景区内。早晚的土林另有一派神秘景象。但是那里沙尘较大，要注意保护相机。此外，土林地形复杂，照相的时候千万要小心脚下，注意安全。

对摄影爱好者来说，到土林拍摄最好选择春、秋、冬季。不同的季节能拍摄出不同的视觉效果。

特色景点

虎跳滩土林

虎跳滩土林也叫“物茂土林”，站在山顶遥望，土林层层叠叠，蔚为壮观，让人不禁感叹沧海桑田的鬼斧神工。土林里的“树木”高低错落达数十米，千姿百态，别有情趣。从远处眺望虎跳滩土林，沟壑纵横，荒凉粗犷，犹如一座废弃的城堡，而近看则像一片工程巨大不拘风格的艺术群雕。

新华土林

新华土林又名“浪巴铺土林”，是元谋土林的重要组成部分。新华土林土柱高大密集，类型齐全，圆锥状土林发育良好，高度居元谋土林之冠。土林中还有几条潺潺小溪，因此植被较好，竹子、松树、灌木、花草点缀在土柱峰丛间，景色如诗如画，在这里还能见到野兔、雀鸟等很多小动物。

班果土林

班果土林是元谋土林景观中规模最大的土林。班果土林土柱分布稀疏，群体较少。每片小区域内土林的色彩比较统一，有白色土林、褐红色土林、棕黄色土林和前黄色土林等。班果土林的土柱表面夹杂有闪烁的石英砂和玛瑙片砂，如同镶嵌了宝石一样，在阳光的照耀下，五光十色。

★ 色彩多样的班果土林。

★ 清晨，阳光直射土林。

★ 土林的近景。

★ 晚霞映衬下的新华土林。

抚仙湖

昆明的后花园

地址 玉溪澄江市以南约5千米处 交通 在江川区乘坐54路公交车可到达抚仙湖沿岸景区 门票 禄充村10元，孤山岛15元 开放时间 全天开放

抚仙湖因湖水清澈见底、晶莹剔透，被古人称为“琉璃万顷”。抚仙湖是个高原断陷湖泊，湖面海拔约1720米，三面环山，一面接着澄江坝子。湖面北部宽阔而深，南部狭小而浅，中部细长，似如葫芦。湖底不平，到处是岩石暗礁，起伏很大。

抚仙湖是云贵高原上一颗晶莹的明珠，波涛翻动时，白浪如朵朵睡莲竞相开放，又似串串银链滚动；无波时如明镜般一片澄清碧绿。远山近水，洲岛错落，使人心旷神怡，爽快清新。

抚仙湖“四绝”

抚仙湖，以自然美色、景致物产和高深莫测而著名，其幽雅的身姿吸引着无数的游客纷至沓来。其中的“四古四绝”更加增添了抚仙湖的魅力。

一绝界鱼石：界鱼石既是一块神奇的巨石，又是一处胜景。这块石头宽约6米，高5米左右，奇形怪状，斜立于河边，上有“界鱼石”石刻。《滇南志略》记载：“江川其鱼两种，以石为界，不敢越江，越则相斗如兵相。”就是说星云湖中的土著大头鱼顺流而下，到了界鱼石，即转头又逆水返回；而抚仙湖中的鲶寅鱼则逆水抗洎而上，可到了界鱼石，又调头沿水而下。两种鱼彼此知禁，从不过界，成为千古奇观。

二绝车水捕鱼：在抚仙湖畔，车水捕鱼是一种奇特的捕捞窟窝鱼的方式。这里的渔民利用这些泉水，顺着流泉开掘了五六米长、一尺左右宽的水沟，让泉水沿着水沟悠悠地流八湖中，渔民就叫流泉为渔洞，叫水沟为渔沟，专用来捕捉鰠宦鱼。每年鱼汛期，渔民们在上百个渔洞架上各自的水车，在水沟入湖口的地方倒置两米长的竹笼子，然后转动水车，让泉水加速通过渔沟，穿过竹笼子，流入湖中，鰠宜鱼便逆流而上游进了竹笼，形成了“车水捕鱼，请君入瓮”的奇观。

三绝青鱼阵：青鱼阵是抚仙湖的一大自然奇观，见过青鱼阵的人都会为它的壮观和神秘而津津乐道。青鱼阵一般只出现在山与湖交界的地方，鱼阵一般出现在离岸20多米的地方，有白的、红的、黑的鱼，鱼阵中最大的约有80千克左右，按大小先后顺序游动，其规模有

二三亩田地面积。

四绝铜锅煮鱼：来到抚仙湖，除了游湖之外，还有一道非吃不可的美味，那就是铜锅煮鱼。在明星鱼洞一带，渔民们在上百口鱼洞里通过车水捕捞窜窝鱼，既捕鱼也卖煮鱼。煮鱼方式简单而独特，即用一口铜锅装上鱼洞泉水，把现捕捞的鲜活的鱶宦鱼放进锅里，加入适量的姜丝和食盐，放到灶火上去煮熟并配上特制的蘸水，即可上桌食用。这就是看着鲜、吃着更鲜的铜锅煮鱼。

两湖之鱼缘何不相往来

长期以来，界鱼石两侧的抚仙湖和星云湖里的鱼互不侵犯，隔石而安，其实这与两湖的湖水成分和自然环境是分不开的。

抚仙湖是我国第二大深水湖，湖水极为清澈，是个“缺吃少穿”的贫营养性湖泊，只有身体细长、灵活性强的抗浪鱼等少数鱼种在此生存；而一河之隔的星云湖则恰恰相反，它是一个浅水湖，湖水营养丰富，里面生长着养尊处优的大头鱼。正是两湖环境的极大差异造成了抗浪鱼和大头鱼“老死不相往来”的奇特现象。

★ 抚仙湖是云贵高原上一颗晶莹的明珠。

抚仙湖示意图

至昆明
西浦公园
东龙潭
澄江
冒天山古生物化石群遗址
银海苑
玉波静庄
石所
万海游乐中心
金沙滩水上乐园
尖山
波息湾度假村
云南汽车厂东风旅游度假村
笔架山庄
老鹰地
鲭鱼湾
抚
禄充村
仙
立昌
万松寺
热水塘
海关
海口
明星景区
碧云寺
湖
牛魔度假村
至昆明
海境
钟秀书院
江城镇
孤山夜市
龙街镇
小凹
李家山石墓群（牛虎铜案原址）
孤山岛
小海底
胡家湾度假村
界鱼石
星云度假村
海门公园
海门垂钓场
路居东海边水上娱乐场
路居
杨家咀垂钓场
星云湖
螺师铺
兰田垂钓场
新河咀垂钓场
湖滨公园
至玉溪
江川
跳鱼沟垂钓场

特色景点

月亮湾湿地公园

月亮湾湿地公园是一个与抚仙湖零距离的湿地公园，适宜散步观景。最南侧湖畔有一片开阔的椰林树影沙滩，仿佛置身于真正的阳光海岸。公园内有以古文化图片装饰的地下通道与悦榕春酒店相连。

禄充村

禄充村景区内有一笔架山位于村北，三峰鼎立，形如笔架，因而得名。位于笔架山北面的抚仙湖湖水风平浪静，由此得名波息湾，是游泳和水上娱乐的最佳选择。禄充村风情浓郁，盛产名贵鱼种抗浪鱼，景区背山面海，古树成荫，地灵人杰，历史上有“一门双进士，百步两翰林”的美称。

明星景区

明星景区位于抚仙湖的西岸，在澄江至江川公路西侧百米处有座碧云山，从山脚登 499 级石阶而上，转 36 道弯便可到达碧云寺。这座寺院又称为武当别院，寺内大多是道教仿古建筑。每年农历三月初三，是碧云寺的庙会日，届时很多人都会来此集会。

孤山岛风景区

孤山岛是孤山到抚仙湖唯一的岛屿，南面与海门公园相隔，北面与碧云寺上的莲花峰相望。每到农历六月初六，当地人便前往孤山做庙会。孤山庙会期间，人们都要将自己亲手制作的食品投入湖中，吸引成千上万条青鱼前来受领祭物，久而久之，便形成了孤山岛独有的“青鱼奇观”。

界鱼石

界鱼石位于玉溪市江川区海门村，海门为星云湖的出水口，这里有星云湖和抚仙湖相通的水道，被称为海门河，河中有一堵伸到水面的嶙峋石壁，据说星云湖的大头鱼和抚仙湖的抗浪鱼，以石为界，到此便各自调头而返，因此被称为界鱼石。

星云湖

星云湖与抚仙湖一山之隔，一水相连，星云湖湖水清澈见底，波光妩媚动人，每逢月明之夜，皎洁的月光映照湖面，如同繁星闪烁，晶亮如云，因而取名为星云湖。每年 12 月 25 日，星云湖正式开始开湖捕鱼，这一天渔民们精神抖擞，在鞭炮声中划船入湖，张网捕鱼。

★ 抚仙湖樱花谷的雕塑。

★ 阳光洒满抚仙湖。

★ 抚仙湖畔人家。

东川红土地

上帝遗失的画板

地址 昆明市东川区红土地镇花沟村和花石头村 交通 在东川区客运站乘坐去往马街的班车，在花石头村下车即可 门票 免费 开放时间 全天开放

东川红土地位于昆明市东北，因土壤里含铁、铝成分较多，就形成了炫目的赤红色彩。土地被田地和农作物分割成一个个色块，远远看去，五彩斑斓，衬以蓝天白云，更为壮观。

当辛勤劳作的农家人，在这方土地上为求生活春种秋收，勤劳工作时，也一定没有想到，他们的劳作，让这片大地拥有了如梦如幻的美丽。

舌尖上的东川

东川物产丰富，在这里能品尝到珍贵的山茅野菜。花菜、龙爪菜、石榴花、核桃花、苦刺花、花椒叶应有尽有，吃法更是特别，你没见过的一定有很多。

★ 东川特色菜——龙爪菜。

东川面条。说起东川，一定会提起面条。清晨，街边的早点铺最为热闹，热腾腾的面条是当地人最常食用的早餐。东川的面条是云南最好的面条之一，久煮不烂、又香又滑。东川面条好吃是因为用了牯牛寨山的山泉水，这是东川人都知道的“秘密”。

东川羊肉。东川羊肉味道鲜美，羊群都放养在海拔 3000 米以上的崇山峻岭中，汲甘露，食肥草。加上东川人独到的烹调技术。汤锅、红烧、黄焖等吃法应有尽有。

金洋芋。说起洋芋，以往俗称“东川洋芋”。由于在东川境内的播卡地区发现有大量的金矿，致使东川成为国际“找金热”的地方、世界找金业的晴雨表，东川大洋芋由此沾光，一不小心你就可能吃到金子，为此俗称“金洋芋”，其做法多种多样，炸洋芋和火烧洋芋是最常规的吃法。

牦牛火锅。东川的牦牛经过数年繁殖，现已形成从体形、肉质、口感等方面独具特色的优质品种。牦牛干巴肉质细腻，不膻不腥，满口溢香。牦牛火锅鲜香异常，不吃不算有口福。

荞粑粑蘸蜂蜜，这可是非常珍贵的一道山野风味的名吃。苦荞在红土地上满山满野地铺展着，花好看，荞粑粑更好吃。苦荞自然有点苦，所以配上蜂蜜。苦尽甘来的生活也就是如此，一道小吃还把生活哲理都融进去了，自然味道独特。

★ 五彩斑斓看东川。

红土地摄影攻略

拍摄红土地和拍摄所有的风景一样，都需要一些运气。早晨日出前后，在公路边的高坡上拍摄打马坎村比较漂亮；七彩坡和锦绣园是大片起伏有致的山坡，不同季节有不同的色彩；乐谱凹在花石头村旁边，其景色和七彩坡锦绣园相近；独树又名神树，是一棵古老巨大的松树，在一个山头孤独地守护着这片土地；月亮田是周围仅有的一片可以种植水稻的梯田，春天可以拍摄到水田灌水后的景象，秋天这里则是一片金黄。

特色景点

乐谱凹

这里的红土地风景以线条流畅优美而取胜。置身于乐谱凹的景色中，那些地埂犁沟铺就的场景就像漂亮的五线谱，跳动着美妙的音符。那些构成五线谱的物体都是一些很普通的农作物，是农家人与大自然合作铺就的彩色五线谱。

锦绣园

锦绣园被称为中国红土地的代表作，以色彩斑斓层次优美而著称。由于地势的原因，这里的美景以很突然的形式进入你的视野，有风吹过的时候，红土地里的庄稼随风舞动，色彩斑斓，充满动感。

七彩坡

七彩坡是东川红土地著名的景点之一，站在七彩坡的高地上去观赏红土地，会带来不同的视觉冲击。站在坡顶向下望，天然的红土壤斑斓炫目、艳丽饱满，漫不经心地铺向天边，形成了如仙境般五彩缤纷的水彩画。从远处看，仿佛上天涂抹的色块，鲜亮艳丽，有着诱人的缤纷之美和曲线之美。

打马坎

打马坎是一个村子的名字，早晨日出前后在公路边的高坡上俯瞰打马坎村，红土围绕的村子里炊烟缭绕，村子四周杨树在朝阳斜射下泛着光辉，一派宁静动人的田园风光。不同季节山坡上不同的地块有不同的色彩，勤劳的农民在其中耕作或收获。

月亮田

月亮田是一个层层叠叠的梯田，最特别之处在于其中一块水田看起来仿佛一支玉琵琶，让人怀疑是上天遗落于人间，非常神奇。月亮田是红土地周围仅有的一片可以种植水稻的梯田，春天可以来这里观赏水田灌水后的景象，秋天则是一片金黄。

★ 东川红土地落霞沟。

★ 颜色炫目的红土地。

罗平油菜花

金玉满堂之乡

地址 曲靖市罗平县罗雄镇附近 交通 每年菜花节期间，会增开昆明到罗平的旅游专列

门票 免费 开放时间 全天开放

罗平是位于滇、黔、桂三省区交界处的小城，素有“鸡鸣三省”的美誉，得山川湖泊之灵气，是理想的旅游地。明代大旅行家徐霞客曾写下“罗平著名迤东”的赞叹。每年花期，罗平县城便深陷在一片油菜花的海洋里，颇为壮观。

当你真正踱入花的海洋，成群结队的蜜蜂布满了你头顶的天空和你脚下的世界，来自天南海北的养蜂人成了花海中一道奇特的风景线。加之喀斯特地貌里形态各异的峰林峰丛，使罗平真正成了现实生活中看得见摸得着的童话世界。

罗平的“油菜花节”

罗平人把每年春季油菜花盛开的季节定为“油菜花节”，持续两个月左右。节日期间，成千上万的游人从四面八方赶到罗平，观花海、弄花潮，领略高原金色花海的万种风情。节日期间，还有情人喜结连理，乘花车、游花海，赏心悦目，喜气盈怀。

罗平花海摄影攻略

拍摄油菜花景观最好赶在太阳出来的一刹那，万亩油菜花顿时披金戴红，远处薄雾弥漫，再加上梯田的优美布局，组成了一幅真切自然的田间原野画。

金鸡峰丛地势平坦，有雾的时候也别有风味，适合宽幅照片；湾子湖水库风景多样，适合拍摄日出日落；牛街乡和十万大山在晴天时拍出好片的机会更大。

罗平最佳观花点

一般推荐的是县城东北方向的金鸡峰。登上金鸡峰，看油菜花田比较平坦，而稍远处有些孤峰拔起，很壮阔的感觉。很多罗平花海的照片都是这里拍的。

由县城沿大水井去多依河风景村的途中。这里地形起伏较大，花田随地形梯田种植，富于变化，也是拍照的好地方。

城北的牛街乡。这里有梯田，梯田上有的种油菜，有的种其他如小麦、蔬菜等，各种色块交织，与花海是一种韵味。

九龙瀑布的上面也有好看的油菜花，但如果只在下游是看不到的。其实最好看的是从昆明快到罗平的火车上看到的油菜花，很有层次。

324 国道北侧的金鸡大黑山。穿过半山腰的灵仪寺有一座观景台，但观景台并不是拍摄金鸡峰林油菜花的最佳位置，再爬大山顶，是俯拍的最佳地点，从这里可以看到金鸡峰丛间的花海美景。

罗平油菜花海示意图

特色景点

金鸡峰丛

从罗平县城沿 324 国道北行约 12 千米，有一片数不胜数的锥状的小山丛错落有致地排列在坝子里，这就是金鸡峰丛。登上不知名的小山包，放眼望去，远处是青霭的山，金色蔓延到山上，花海连着花梯。茫茫油菜花海里，村落点点，溪流纵横，成片的油菜花田无边无际，像一张巨大的黄色地毯，也像一片平静的黄色海洋。

牛街

牛街的油菜花田和金鸡峰的油菜花田是完全不同的两种风格，这里的梯田随着山势一圈一圈的好像一颗颗螺丝，所以这个地方的梯田又叫螺丝田。牛街一带的丘陵起伏较大，油菜花随地形种植，与冬小麦、蔬菜等多种色块交织在一起，同金鸡花海相比又是另一种韵味。

春季，油菜花竞相开放，颇为壮观。

苍山

大理的一切开始的地方

地址 大理白族自治州大理市大理古城西隐仙路 交通 大理古城西侧出来，步行大约20分钟可到大索道下站 门票 大索道280元（往返），小索道90元（往返），感通索道80元（往返） 开放时间 9:00 ~ 16:00

一水洱海绕苍山，青翠苍山抱古城。大理的美景秀色，随时随地都可以让人心醉。下关风，上关花，苍山雪，洱海月，大理风花雪月四大美景中，苍山雪堪称之最。

美丽的苍山位于大理古城西部，又称点苍山。苍山共有 19 座山峰，北起洱源邓川，南至下关天生桥，整个山体如同一道绿色的屏障，雄峙于洱海西岸。苍山山顶有洗马塘、黑龙潭等湖泊，这些湖的湖水清澈蔚蓝，环境清幽，每两座山峰之间都有一条溪水，从山间飞流而下形成飞瀑叠泉，最后注入洱海里，这便是著名的苍山十八溪。

大理云景

大理苍山西耸，洱海东卧，在苍洱之间有着许许多多的云景奇观，令人遐想陶醉。其中最奇妙、最迷人的有苍山佛光、望夫云、玉带云、火把云等云景。

苍山佛光具备的条件是雨后放晴，有云雾缭绕，有太阳折射，只要条件具备，人

★ 美丽的苍山云。

们在苍山顶旅游时，都可以见到。

望夫云一般在 11:00 ~ 13:00 生成，是大理指示性气候的云，一旦出现就预示洱海地区将有大风。传说望夫云是南诏阿公主的化身，她因与苍山上的年轻猎人阿龙相爱，但遭父王反对，并请来法师将阿龙害死，打入海底变为石骡。公主因愤郁和思念死于苍山玉局峰，其精气化为一朵白云，怒而生风，发誓要吹开海水寻找爱人。从此每年秋冬季节，常常有一股洁白飘逸的云气从苍山玉向峰开向万里浩空，在蓝天的映衬下，显得格外洁净而奇丽，像一位素洁的少女立于苍山之巅向洱海眺望，只要它一出现，海上就会狂风大作，洱海随之波涛翻滚。狂风大有不吹飞海水、不见海底石螺子誓不罢休之势。

玉带云多出现在夏秋之交的雨后初晴之时。玉带云是在秋季雨过天晴的早晨，苍山之腰出现的缕缕云丝，然后逐渐聚拢，汇成一条无瑕的白练，宛若玉带横系苍山十九峰，把巍峨起伏的群山拦腰截断；继而慢慢地又化为万朵雪莲，盛开在苍山之巅，转眼间又似春风中飞舞的柳花絮影，消失得无影无踪。清人张杨度曾以“秋来雨后看之容，天将玉带封山公”诗句来赞美神奇美妙的玉带云。

火把云一般出现在农历六月二十五日前后，因这期间的白族同胞的传统火把节而得名。

美丽的苍山雪

相传在古代有一批瘟神在大理坝子中横行，使人民“十人得病九人亡”。这时有对白族兄妹为拯救大理的人民，他们在观音菩萨的指引下去学法，归来后运用法力将那些瘟神全部撵到苍山顶上，让大雪冻死他们，为了让瘟神永不复生，妹妹还在苍山变成雪神，永远镇住苍山上的瘟神，这就是苍山雪人峰，上面有千年不化的白雪。

感通寺的千古佳话

感通寺有“名士高僧共一楼”的千古佳话。这里所说的“名士”指的是明代著名学者杨升庵。明嘉靖三年（1525 年）因“议大礼”案触怒了明嘉靖皇帝，被发配充军云南。嘉靖九年杨升庵与李元阳结伴同游点苍山，住宿感通寺的班山楼二十多日，李元阳便将此楼题名为“写韵楼”，今遗址尚依稀可辨。

所谓“高僧”指的是晚于杨升庵 100 多年的云南杰出诗人、画家、书法家担当和尚。他名声很大，有“云中一鹤”“南中高士”之称。晚年常住感通寺，因仰慕杨升庵的品学，重修“写韵楼”作为自己的住所，从此便留下了“龙女奇花传千古，名士高僧共一楼”的千古佳话。

★感通寺。

特色景点

感通寺

感通寺，又名荡山寺，在大理古城南近5千米处的点苍山圣应峰南麓，现有山门、大殿、南北厢房、寂照庵、担当和尚塔等佛寺建筑。大殿祀三世佛，院内有古茶树二株及茶花、玉兰等名贵花木。遍山古树参天，环境异常清幽。

清碧溪

清碧溪，又名翠盆水，隐藏在苍山马龙峰与圣应峰的峡谷之中。山泉由岩根涌出，喷珠泻玉，沿溪汇池，状若大盆。盆三叠，水清石丽，翠碧交加，故俗称清碧溪，是苍山十八溪之一。

洗马潭

洗马潭，潭水晶莹碧澈，终年不涸，是苍山顶上一个风景绝佳的高山湖泊，映山光水色于其中，明朗如镜。传说元世祖忽必烈征大理翻越苍山时，曾在此洗马驻扎，因此得名。现有元世祖平云南碑存于苍山龙泉峰麓的三月街旷坝。

中和寺

中和寺是大理著名的道教寺观之一，建于明代。因位于苍山中和峰而得名，曾被清朝康熙皇帝赐匾“滇云拱桥”。庙宇建在中和峰半山上，右后侧有一巨大石壁，两岩对峙，形如石门，称为“双石门”，岩下有清泉流出，环境清幽，是登临苍山观光、游览的好景点。

凤眼洞

凤眼洞在普陀崖上，两边是万仞悬崖绝壁，下是万丈深渊的绿玉溪，普陀崖就像一只振翅欲飞的凤凰。洞外壁前人题刻“不可久留”四个大字，才临凤眼洞就给人一种奇险“不可久留”的感觉，让人三思而行。进入凤眼洞的通道是“崖通一线”的天然壁缝，酷似睁着的凤眼，因此称为“凤眼洞”。

七龙女池

点苍山的风景，以云、林、雪、泉、石、花而著称，在“泉”中，七龙女池可以说是最鲜为人知的。这里因地势险峻、海拔较高而游人罕至。七龙女池景色之美，因藏之深山而自成特色，在苍山群溪中独具卓然之势。

玉带云游路

苍山玉带云游路位于苍山半山腰海拔约2600米处，是苍山的特殊景观，在夏末秋初时节出现。每天早晨，一条很长的白色云雾就像一条长带子一样飘系在苍山十九峰的山腰久久不散，景象之奇特让人叹为观止，当地民间传说这是一位偷偷下凡欣赏人间美景的仙女，遗留在苍山洱海间的飘带。

苍山和洱海示意图

至丽江
江尾乡
上关
红山庙
正觉寺
双廊
南诏风情岛
蝴蝶泉
周城
洱
海
本主庙
喜洲古镇
至鸡足山
挖色乡
小普陀
湾桥乡
银桥乡
文笔庙
才村码头
海东乡
天境阁
崇圣寺三塔
大理古城
中和寺
金梭岛
洗马潭
天龙八部影视城
天龙索道
中和峰
七龙女池
玉局峰
马龙峰
清碧溪
感通寺
圣应峰
大和城遗址
大理机场
苍
山
洱海公园
大理火车站
大理州
大理市
（下关镇）
至保山
至昆明

洱海

郁郁青山，蔚蓝湖泊

地址 大理白族自治州大理市东北部 交通 从大理古城乘坐22路、通勤4号线可到洱海

门票 免费 开放时间 全天开放

洱海是大理“风花雪月”四景之一的“洱海月”之所在。据说因形状像耳朵而取名为“洱海”。洱海是云南第二大淡水湖，它呈狭长形，湖水清澈见底，透明度很高，自古以来一直被称作“群山间的无瑕美玉”。

从苍山往下看，整个洱海湖面宛如一轮新月，静静地依卧在苍山和大理坝子之间。在风平浪静的日子里泛舟洱海，清澈透明的海面给人以宁静而悠远的感受。

洱海月的传奇

传说天宫中的一位公主羡慕人间的美满幸福生活，下凡到洱海边上的一个渔村，与一渔民成婚。公主为了帮渔民们过上丰衣足食的生活，就把自己的宝镜沉入海底，把鱼群照得一清二楚，好让渔民们能打到更多的鱼。后来，公主被自己的父亲强行带回家，而宝镜在海底变成了金月亮，放着光芒。天上一个月亮白晃晃，水中一个月亮金灿灿，这就是“洱海月”的奇景，至今仍然是大理的四大绝景之一。

★ 洱海夕照。

你所不知道的蝴蝶泉

相传很久以前，无底潭（蝴蝶泉原名）边住着父女俩，父亲勤劳敦厚，女儿雯姑善良美丽。一天父女俩上山砍柴，路上忽然有一只带箭的小鹿跑来伏于他们面前求救。雯姑向青年猎手霞郎求情，霞郎应允不伤其性命。因此，二人结识相爱，定下终身。地方霸主虞王慕雯姑貌美，欲纳遭拒，于是抢走雯姑，杀害了雯姑的父亲。

小鹿奔上苍山找到霞郎，救出雯姑，不料官兵追至，走投无路，便双双跳进潭中，小鹿亦以身相殉。顷刻，暴雨倾盆，虞王逃去。雨后天晴，花香鸟语，一对彩蝴蝶从潭中翩翩飞起。

★蝴蝶泉。

链接：

白族扎染

在周城这座古老的白族村落里，白族扎染工艺，从远古走来，一路散发着历久弥新的芬芳。这蓝与白，透过千年的时光，早已浸染成为云南白族群众生活的底色。扎染，古称“扎缬”“绞缬”，俗称扎花布、印花布，是一种古老的民间传统手工印染技艺。

白族聚居的云南大理洱海地区是云南纺织文化的摇篮地之一，这里世代流传着一块白布通过绞扎、浸染等步骤，蜕变成具有浓郁民族风情的扎染布的美妙过程。

温馨贴示

看日落是漫游洱海最惬意的一件事，找个人少的地方安静地看日落，彻底融进这迷人的景色中，这才是真正的慢节奏。放下所有一切，只是享受于所处。面朝苍山洱海，沐浴在温暖的阳光下，看光影变幻，观明月星空。你也尽可回归自然的天性，随性可在洱海畅游或泛舟垂钓。

特色景点

洱海公园

公园内有一座椭圆形的小山，因山的形状而被当地人叫作“团山”。领略洱海的美最好是乘船。泛舟洱海，给人一种“船在碧波漂，人在画中游”的诗画般的意境。而洱海公园，则是观赏苍山洱海景色的好处所。

喜洲古镇

依山傍水的大理喜洲古镇，静静地镶嵌在苍洱大地的北端，苍山万花溪清澈的溪水从苍山脚下一直流淌向喜洲。历经两千多年风雨，当地仍保有浓郁的民族特色。这里有白族居民的质朴文化、独树一帜的街道民居格局，和苍山洱海的自然风光。

蝴蝶泉

蝴蝶泉因电影《五朵金花》而闻名，影片中的金花和阿鹏在蝴蝶泉边互诉衷肠的场景，成为一代人记忆中最美的电影画面之一。每年农历四月十五蝴蝶会期间，不仅成千上万只蝴蝶从四面八方飞来，而且来自各地的白族男女青年们也聚集到这个爱情之地，对歌唱怀，寻求真爱。

双廊镇

双廊是一个长约 7 千米的环绕洱海的小村庄，让时间像候鸟一样在此停留。世世代代的白族人如桃花源人一般远离尘嚣居住于此，而让更多人发现双廊并驻足于此的却是艺术家们。他们的到来，让双廊这个梦变得更加奇幻、更加独特。

南诏风情岛

与双廊镇隔江相望的是南诏风情岛，南诏风情岛四面环水，岛上风光旖旎，千年古榕树枝繁叶茂，幽穴古洞盘曲交错，岛屿四周水清沙白，苍洱百里美景尽入眼底。

小普陀

小普陀是洱海东部的一个小岛，岛上建筑始建于明代，在小普陀上观看苍山洱海，就仿佛置身在白首老者托起的银盘之中，心胸格外开阔。小普陀风景最美的时候是清晨，这时的洱海雾气袅袅，小普陀时隐时现。

观音塘

观音塘位于下关和古城之间，是大理有名的佛教古刹之一。观音塘整个建筑严谨有致，殿宇巍峨；院内树木繁茂，花草斗艳；阁内香烟缭绕，木鱼声声。这里不仅是香客云集之所，也是文人墨客游历之地。

★ 清晨，泛舟洱海，徜徉其中。

★ 洱海上自由飞翔的海鸟。

元阳梯田
山水田园风光画

地址 红河哈尼族彝族自治州元阳县哀牢山南部山坡上 交通 昆明汽车客运站有班车到元阳新街镇，然后再包车前往各个景点 门票 70元（含坝达、多依树、老虎嘴、箐口民俗村） 开放时间 6:00~19:00

元阳梯田地处哀牢山南部，梯田依地势层层相叠，非常壮观。来到元阳梯田，一是看梯田壮美的日出日落，二是看哈尼族村寨的独特风情。

元阳梯田规模宏大，气势磅礴，绵延整个红河南岸，堪称世界一绝。日出时，红霞满天，云雾翻滚，满眼的梯田在阳光的映衬下，犹如一架架直通云霄的天梯；日落时，梯田、山村、树林都披着一身金黄的光芒，如诗如画，引无数影人竞折腰。

元阳梯田摄影攻略

在元阳，拍摄梯田的最佳时间分两个黄金时段：日出和日落。多依树非常适合拍日出。去多依树拍照要起早。从老县城出发要半小时左右。起早的目的一是怕错过日出，二是为了抢占最佳拍摄位置。在多依树，没有人敢说自己第一个到达，好像无论你起多早，总有人比你抢先一步，早就有支着相机在那儿守候日出的人。

坝达的日落，只能让人用目瞪口呆来形容它。让你发呆的不是日落之中的夕阳，而是夕照下的梯田，长达三千多级的梯田伴随着水田颜色的不断变化，让你犹如置身于一种魔幻境界。而每逢冬春季节，傍晚，夕阳西下，染红了天边的云彩，金灿灿的霞光倒映在坝达层层叠叠的万亩梯田中，波光粼粼，霞光万丈，形成了“夕阳晚照”的美景。

老虎嘴：老虎嘴也是摄影者的挚爱之地，老虎嘴梯田除了立体感强外，颜色的层次感也最强烈，五彩斑斓，像是人画上去的一样，而且周围梯田的坡度也陡些，最低处的梯田是最吸引目光的地方，其中离视线最远处的那一片，看起来极像一匹扬蹄奋疾的骏马。

龙树坝：元阳梯田之一，龙树坝梯田因水里的含氧成分跟其他地方的梯田不一样，所以浮萍多，以红色绿色黄色为主，故色彩艳丽，是拍近景及爱好徒步人士的极佳去处。

元阳梯田示意图

特色景点

老虎嘴景区

老虎嘴梯田是元阳梯田景点中山势最险峻、气势最恢宏、布局最壮观的梯田风景区。1993年3月，法国独立电影制片商杨·拉马因被这片梯田的神奇美景所倾倒与陶醉，带未婚妻来到这里，在田间的田棚里举行了独特的婚礼，并在这里度过了他们的蜜月期。

多依树景区

多依树景区包括多依树、爱春、大瓦遮等连片上万亩梯田；数千级梯田从多依树村寨下面一直往幽深的红河谷里延伸，水、山、天和村寨相接相连，被不停涌动、蒸腾的云雾笼为一体，仿佛本来就是一个浑然的世界。如此众多的梯田和村寨掩映在茫茫森林中，在漫漫云海的覆盖下，构成了神奇壮丽的景观。

坝达景区

坝达梯田与其他景区梯田不同的是它地势陡峻、大气磅礴、欲倒不倒、重重叠叠。它从海拔800米的麻栗寨河沿山而上，坡陡田陡，坡缓田缓；山岭相连，交错贯通，一直延伸到2000多米海拔高度，上万亩梯田组合在一起，看上去，简直就是登天的梯子。

箐口景区

箐口哈尼族民俗文化生态村集中体现了哈尼梯田文化的共性，村寨的上方，矗立着茂密的森林，提供着水利、用材、薪炭之源。村寨的下方是层层叠叠的上千级梯田，提供着全村人民赖以生存和发展的粮食。村寨由座座古意盎然的蘑菇房组合而成，整个箐口寨子被一层层的梯田所包围。

温馨贴示

元阳一般5月份开始插秧，9月份收割，12月份灌水。所以最好赏景的时间就是10月到来年3月间，其中春节前后最佳，此时极易看到云海。一般在元宵前后，当地野樱花、野木棉花、野桃花和棠梨花开，满山的红、白色，极为壮观。

龙树坝和多依树的日出可算是元阳梯田中非常精彩的部分；老虎嘴更有航拍的感觉；另外，老勐星期天有赶集，建议提早前去，看赶集的同时可抽时间逛逛周边的寨子。

如果不是摄影发烧友，只是随心看看，大可不必赶着人流去那些拍摄点凑热闹，随意选一块地方都可以体味到元阳梯田的恬静优美。

★ 云雾仙境般的元阳梯田。

★ 日落，梯田里的水如明镜能照出你的倒影。

★ 日照梯田。

老君山
云南众山之祖

地址 丽江市玉龙纳西族自治县黎明傈僳族自治乡 交通 可从丽江包车，沿石鼓至群龙山庄的乡村公路前往老君山九十九龙潭 门票 黎明丹霞地貌景区70元 开放时间 8:30～17:30

老君山，是世界自然遗产“三江并流”的八大片区之一。主峰位于中部的金丝厂，“金丝玉峰”海拔约4515米，为滇“众山之祖”。

老君山丹霞地貌区主要分布在黎明傣族自治乡境内，是国内面积最大、发育最完整的丹霞地貌。传说太上老君曾在离这里不远的老君山上炼丹，火焰一直蔓延至此，将山石烤为红色。这里红色的砂岩镶嵌在茫茫森林的万绿丛中，显得更加璀璨夺目。

老君山的杜鹃花

到老君山要重点提一下杜鹃花，全球杜鹃花品种有约960种，中国就发现大约570种，其中大部分分布在云南横段山区，而老君山的杜鹃品种尤其多，这里有六十多种杜鹃花，其中有十几种是云南特有的珍稀品种。

除了杜鹃花之外，报春花、龙胆花、兰花、绿绒苗等都在老君山上争奇斗艳，穿行于林间溪畔，随时可见不知名的花朵散落于林间，总是能带给你不经意的惊喜。

傈僳族风情

黎明是著名的傈僳族之乡。黎明傈僳族风情文化丰富多彩，情趣盎然。傈僳族的歌声含蓄优雅，舞蹈活泼复杂，葫芦笙乐曲及端午情人节等民族节日和风俗充满情趣，极具观赏价值。

傈僳族人擅长空手攀岩，采集野生蜂蜜，不需装备任何工具。走进这里的岩间，到处可以看到山崖间架设的几十米高的藤梯，这是傈僳人攀岩过沟采蜜采药的天梯，如果你敢于冒险的话不妨体验一下空手登天的乐趣。

徒步老君山

老君山鲜有人光临的原始森林和高山湖泊牧场，日益成为徒步探险者口耳相传的热门目的地。到这里探险，需要有帐篷睡袋，还要聘请有经验的当地人为向导。

徒步可以从九十九龙潭徒步经太上峰、阿左洛、卧龙沟至小桥头，然后沿土路至利苴。

从利苴出发有多个选择，一条线路是经过金丝猴观测站、大羊场，然后至代白启。一条线路是直接向北，经过多个高山牧场，直接前往黎明，因为景致不够丰富，较少人走。最多人选择的路线是，从利苴出发，经过凤舞山庄，穿过七仙湖至金丝猴观测站，这是景观和体验最为丰富的一段线路，沿途有高山湖泊，也有美丽的草场，是老君山的心脏位置，也是精灵古怪的金丝猴安家的地方。这条线路耗时至少两天，中间只能住帐篷或者在金丝猴保护站用睡袋休息。

特色景点

九十九龙潭

九十九龙潭是老君山景区的一个主要景观。九十九龙潭之水，穿越了密密匝匝的原始森林，泻下级级石崖，成为石鼓冲江河的主要源头，沿途百里，山清水秀，还有很多白族、纳西族、普米族村寨分布在河谷两岸，颇有小桥、流水、人家的诗情画意。

黎明丹霞景区

黎明的最主要景观是丹霞岩，这里分布着由红色砂岩形成的200多平方千米的丹霞地貌，岩石、险峰、悬崖、峭壁都呈现出鲜艳彤红的色彩，景色秀丽。黎明不仅是风光秀美的景区，更是少数民族风情旅游的理想境地，走进黎明就走入了一个神奇的世界。

新主植物园

新主植物园景区是一个植物宝库，在这里你可以见到全国仅有的黄杜鹃，可以清晰感受不同植被区的千变万化。植物园里共有280多种植物，其中很多都是珍稀濒危植物，几乎汇集了横断山脉中所有的植物种类，被誉为“植物避难所”。

老君山示意图

新主植物园
美乐村
至丽江
本都底
千龟一条龙
千龟山
各浪打
红石街
黎明丹霞地貌景区
五指山
大佛崖
炼丹炉
芦笙村
代百启
仁义
大羊场
石人峰
三松坪
拉巴支
至兰坪
石人湖
石姐妹湖
仁和乡
凤舞山庄
金丝猴观测站
七仙湖
白岩寺
至丽江
利苴滇金丝猴保护区
马瓜子
四路子
利苴
金丝猴观测站
土鲁署
兰乡村
卧龙沟
阿左洛
九十九龙潭景区
鳄龙海子
梦多草甸
太上峰
贝母地
杜鹃山庄
黑龙潭
三才湖
群龙山庄

腾冲固东
体验非遗赏秋色

地址 保山腾冲市江东镇江东村 交通 在腾冲坐到固东的中巴车，到达固东集镇后有转江东的中巴车 门票 40元 开放时间 全天开放

在“树树秋声、山山寒色”的深秋里，有一个地方，你一定要去那就是静谧梦幻的腾冲银杏村。这里，是宛如天堂的静谧秋景；这里，是冬季里的金色梦想；这里，是电影《武侠》的拍摄地；这里“村在林中，林在村中”相互依托。

固东银杏村内有连片栽种的银杏树。9月底至12月，小山村被高大的银杏树包裹得一片金黄，满地的银杏叶就如金色的地毯铺满村里的大小院落，房前屋后，黄叶纷飞，异常美丽。珍贵的百年银杏树让这个小村庄显得古朴和深邃。

秋天，来这里看银杏

云南大学。大片墨绿色之中横亘出一条金灿灿的黄，和着正午的阳光，那美景仿佛让人瞬间穿越到了安徒生童话的梦境里。曾入选全国十大高校美景，除了银杏树，

还有不怕人的小松鼠，秋日若是你到云南来，怎能错过?

昆明植物园：昆明植物园距昆明市中心约 12 千米，园内有一条银杏和枫树组成的林荫大道，每到深秋时节，黄叶飘飞、红枫似火，景色令人陶醉。

广口银杏村：在这儿赏银杏，你能看到最纯粹的银杏景观，脚踏满地的银杏落叶，在银杏林间自由穿越、留影。这里是目前昆明赏银杏最好的地方之一。

腾冲皮影

皮影戏在腾冲有据可查的历史至少有两百年。1825 年，固东镇顺利村刘家寨的大学士刘登岸、僧纲师刘金斗等拜张李为师，学习皮影制作与表演技艺，创建了刘家寨皮影戏班。后经刘氏两家祖孙四代相继经营，逐步革新和完善，皮影的制作及表演技艺日渐成熟。

刘家寨皮影戏班注重突出其唱腔的地方特色，大量吸收当地丰富多彩的民族民间歌调，经过加工提炼，形成了高亢、悠扬、热烈的艺术风格。在对白中，还揉进了一些地方俗语，使其妙趣横生，逐步形成独具地方特色的腾冲皮影“西腔”流派。

刘家寨皮影剧目多取材于传奇、演义及民间故事等，尤以三国戏、列国戏、封神戏、水浒戏、西游戏、说唐、说岳、薛家将、杨家将等连台本戏居多。剧目题材丰富多彩、故事情节曲折动人，人物形象个性鲜明，表演操作灵活自如，唱腔圆润优美，对白生动风趣，给人以很高的艺术享受。

固东的皮影靠子在国内皮影中独树一帜，其制作材料为黄牛皮，与北方皮影使用的驴皮相比，其韧性和透明度都要更好，保存的年代也更长。固东皮影靠子制作精美，构图完美，雕镂考究，线条精细，色彩艳丽，整体形式显得极为华丽与严谨。表演时可视需要，将不同的头靠和身靠组合在一起，变成表演所需的新靠子。一个身靠可以和无数个头靠组合，组配出若干个新形象，以满足不同剧目的表演需要。这些靠子雕刻精美，形象逼真、百人百脸、百物百样，构思匠心独运，造型夸张风趣，是腾冲影响最大的特色民间工艺之一。

★雕刻精美、形象逼真的腾冲皮影戏。

★ 枝头银杏显秋意。

★ 秋季里的金色海洋。

★ 门前银杏叶落。

★ 银杏长廊。

普者黑

湖泊峰林，水上田园

地址 文山壮族苗族自治州丘北县普者黑村 **交通** 昆明机场有直飞普者黑机场的班机，到普者黑机场也还是要乘坐客车到丘北 **门票** 景区免费开放，景区内游玩项目需另外收费 **开放时间** 7:30 ~ 18:00

“普者黑”是彝语，意为“盛满鱼虾的池塘”。景区内不仅有数百座孤峰、大片的湖泊，还有近百个喀斯特地貌的溶洞，以及上万亩荷塘和原汁原味的民族风情，被誉为“世间罕见、中国独一无二的喀斯特山水田园风光”。

比起桂林山水，普者黑更加精致，似乎那里天更蓝，云更白，山更青，水更静。来到高原水乡，驾着“柳叶”船儿在蒲草塘、情人湖、仙人湖、普者黑湖中戏水，是件最畅快的事。可以慢慢体味杜甫的“幸有舟楫迟，得尽所历妙”，那样的山水相依、峰回路转，那样的峭拔秀丽、愈近愈秀，给人带来无限的遐思和尽情地享受。

在普者黑“打水仗”

到普者黑景区旅游最有趣的活动就是打水仗了，来自四面八方的人荡舟湖间，端着脸盆或拿着水枪互相泼洒着，没几个回合便都成了“落汤鸡”，这一独特的内容给无数游客留下了深刻的印象。

普者黑的“水仗”最能体现团队精神，也是一次与陌生人的湿漉漉的善意交流。人们走出城市，抛弃压力和烦恼，忘情地投入，在水花四溅中大呼小叫，激情狂乱之中将一腔欢快狂泻而出，水仗打完了，人虽然很累，但心情却十分痛快。

头上几只蝴蝶飞

仙人洞村女人们的头饰也十分多彩艳丽，每个人的头饰都有些细微的不同。头饰上露出的三角形尖尖，她们视作蝴蝶。如果头上有四只蝴蝶便表示姑娘还没有对象，如果藏起一只便表示她已经有了心上人。如果把头饰用布包起来，则表示是已婚女人。

特色景点

仙人洞村

仙人洞村是一个古老的村庄，背靠青山，前临绿水。仙人湖环绕在村边，万顷碧波，绿如翡翠，倒映着峻秀的孤峰和古朴的民居。外来游人进了村，不论走进哪一家，总会有灿烂的笑脸相迎。

湖泊群

普者黑全景区有大小湖泊 68 个，湖水清澈，游鱼可数。登高眺望，似 21 千米长的一串珍珠，熠熠闪光。夏秋季节，水面千亩荷塘，荷叶翠绿，花色多样，亭亭玉立，荡舟穿行其间，清香扑鼻，令人陶醉，如置身于诗画之中。

溶洞群

普者黑景区内具有观赏价值的大溶洞 83 个，这些溶洞洞中藏水，石钟乳琳琅满目、瑰丽多姿、晶莹透亮、色彩斑斓，形成了“怪石、异水、奇穴”的地下天然景观。

★夏日普者黑，荡舟赏花，好不惬意。

360°
全景旅行
畅游云南

第四章

最具有魅力的云南神秘山水

独龙江大峡谷

野生植物天然博物馆

地址 怒江州贡山县境内独龙河两岸的河谷地带 交通 可以从昆明乘直达卧铺车到贡山，贡山到独龙江有班车

独龙江峡谷处在云南西北部，这是一个鲜为人知的角落。这里雪山连绵，峡谷陡峻，东岸的高黎贡山，屏蔽着通往外间世界的通道，西岸的担当力卡也是天然屏障。

由于独龙江特殊的地理位置，进去的人很少，而那里的秀丽风光和独特的人文文化给人们带来了极大的诱惑。一般每年10月到次年的4月为封山期，在此期间都是大雪封山，有时雪深可达一人之高。

失落的独龙春节

嘎雀瓦节相当于独龙族春节，本意是祭祀山神的节日。但独龙江上下游的村子过节日期略有不同，传统上来说，会在1月1日开始煮酒，到1月7日结束。过节时独龙族会穿上传统服装，聚集在一起喝酒欢庆，载歌载舞，祭拜山神，并举行剽牛仪式等庆祝活动。

徒步独龙江

独龙江峡谷因为独特的地形地貌和偏僻闭塞，一直笼罩在神秘之中。1999年底通车前，当地人出入只能靠徒步翻山，即使不分昼夜地行走也起码得要2~3天才能到家。而一到每年的大雪封山期（1~7月），这里便会与世隔绝，无人可以进出，届时被“关”在里面的人，只能沿独龙江南北通行在附近小村子转转。

所以传统的独龙江徒步路线，最早时指的就是这条“回家的路”。这是一条20世纪60年代修通的人马驿道，长约65千米，途中需穿越原始森林，并翻越南磨王雪山垭口，由贡山开始到独龙江乡巴坡村结束，如果体力够好又有兴致，还可继续徒步到马库的钦郎当去看哈傍瀑布。

最佳徒步季节通常是从每年的9月末开始，那是雨季刚过，雨水较少，垭口无雪，植物生长茂密，独龙江、普拉河水质清澈。如果走老驿道，雨季时会格外湿热潮闷，又是蚂蟥的高发期，会让原本就辛苦的徒步雪上加霜。不过除了这条最早被人熟识的老路之外，环绕着独龙江，四面八方都是绝佳的线路，对于徒步控来说，由迪政当起始北上，经雄当和羌巴顿，抵达西藏日东、扎恩或察瓦龙，那才是真正意义上的徒步路线。沿着湿滑的溪床河谷一路溯溪而上，原始森林、雪山垭口、高山湖泊、沼泽、绝壁、独木桥……一切都能带给你无穷的成就感。

★怒江东岸的高黎贡山，屏蔽着通往“外间世界”的通道。

★独龙江流水潺潺。

怒江大峡谷

东方大峡谷

地址 怒江州贡山独龙族怒族自治县丙中洛乡 交通 从贡山坐班车前往丙中洛

门票 50元 开放时间 全天开放

怒江大峡谷位于横断山脉三江并流区域，平均深度2000米，其中最深的一段(约3500米深)就位于云南贡山丙中洛一带。怒江峡谷的冬季是一年中最漂亮的时候，两侧的雪山银装素裹，怒江江水碧绿和缓，原始森林五彩斑斓，构成了一幅美妙的画卷。

怒江两岸是高耸的高黎贡山和碧罗雪山，山势陡峭层峦叠嶂，峡谷中居住着多个少数民族。每年春节期间的“澡堂会”是峡谷内最热闹的时候，周围乡村的青年男女聚集在一起，载歌载舞，通宵达旦。

★ 怒江两岸层峦叠嶂。

上有老窝火腿香，下有怒江琵琶肉

怒江的上下游不仅有多种民俗之分，就连美味也各有特色。泸水市所辖的老窝乡，出产与大理诺邓火腿齐名的老窝火腿。一般选用1~2年满山放养的乡村土猪，只取用后腿去蹄去毛，用盐巴和当地的香料混合抹匀，放进大缸后用大石压着，3天后取出挂在茅草屋的梁上自然风干，起码需要挂个2~3年才能食用。

怒江著名的琵琶肉一般在当年的立冬至冬至期间制作。怒族人先将猪刮毛洗净，然后在猪肚子里撒上用花椒、胡椒、草果、盐等调制的佐料面，抹上烧酒，用线把刀口缝好，再在猪耳朵里各塞上一个核桃，在猪鼻孔里也各插上一根粗细刚好的小木棍。几天之后，取出木棍，灌一些盐水进去，再塞严木棍，同时在针线缝合处涂上一些核桃油。如此反复多次后，就可在火塘篾笆上熏或晾在房头，完全风干之后即成一块完整的琵琶肉。

神奇的交通方式——溜索

由六库至丙中洛沿线，偶尔能看到些横江的钢索，那是怒江古老的过江方式——溜索。溜索过江，如飞燕凌空，非

常好看。随着铁索桥、水泥桥的建造，溜索的数量正在减少。

溜索虽然在公路边，观看溜索过江要碰运气，若逢集镇的街子天，你不妨打听一下附近的溜索在哪里，凑着老乡进镇或者返家的时间，在边上守候。溜索分为平溜和斜溜。平溜只有一根索，溜到半途还需手脚并用攀缘前进；斜溜则有两根索，有点斜度，技巧不足者容易撞上对岸。

怒族手抓饭

手抓饭并非傈僳族所独有，但怒族的手抓饭别有一番风味。不同的是，怒族人会将米饭、荞米、盐巴用南瓜叶包好以后放火里烧透，直至以上食材变成一团熟饭后，和新鲜的核桃放在一起杵碎，加火腿肉、五花肉、土鸡鸡肉丝等拌匀后吃。因为需要的食材太多，做法复杂费工夫，所以价格较贵，想要吃的话得提前一天预订。

怒江大峡谷示意图

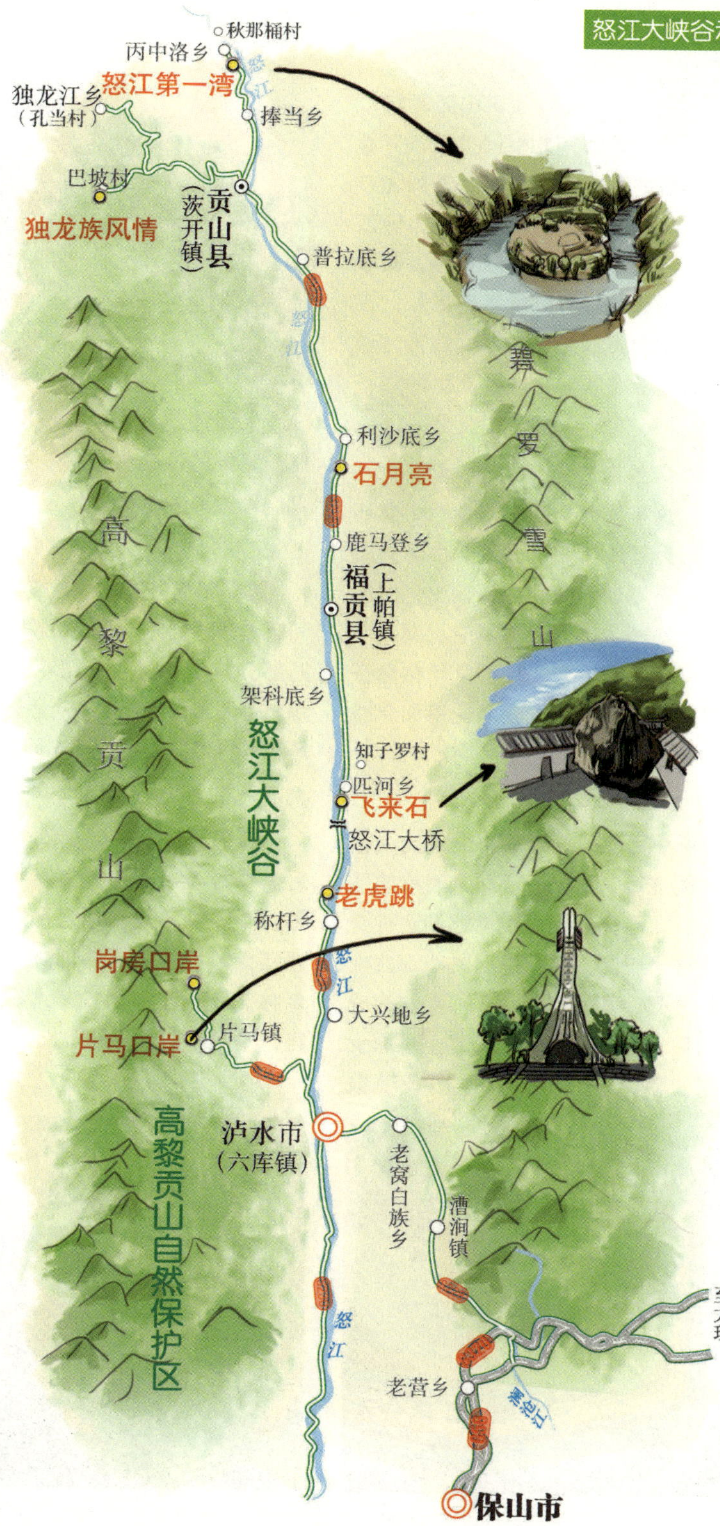
秋那桶村
丙中洛乡
怒江第一湾
独龙江乡
（孔当村）
捧当乡
巴坡村
独龙族风情
贡山县
（茨开镇）
普拉底乡
怒江
碧罗雪山
利沙底乡
石月亮
鹿马登乡
福贡县
（上帕镇）
高黎贡山
架科底乡
怒江大峡谷
知子罗村
匹河乡
飞来石
怒江大桥
老虎跳
称杆乡
岗房口岸
大兴地乡
片马口岸
片马镇
泸水市
（六库镇）
老窝白族乡
漕涧镇
高黎贡山自然保护区
至大理
老营乡
保山市

特色景点

高黎贡山自然保护区

高丽贡山山势陡峭，峰谷南北相间排列，有着极为典型的高山峡谷垂直带景观和丰富多样的动植物资源。高黎贡山峰峦起伏，因为这里生物的多样性，被学术界称为是“世界物种基因库”，在高黎贡山自然保护区的中心地带，现在已经建成姚家坪森林旅游度假村。

片马

片马的意思是“木材堆积的地方”，这里景色优美。听命湖距离高黎贡山风雪垭口不远，是听命河的源头，听命湖湖里面的生物较少，水质优异，是一个神话般的湖泊。湖四周原始森林密布，野生动物常年栖息在这里，湖边有大片的杜鹃花海和原始灌木丛。

怒江第一湾

从片马返回怒江公路继续北上，长途跋涉后，在观看了怒江沿岸的飞来石、石月亮景观后便能够到达神奇的怒江第一湾。第一湾上的怒江台地平坦开阔，高出怒江约500米，构成三面环水的半岛状小平原。小平原上面景物宜人，每当农闲季节或节假日，人们便到这里泛舟过溜，对歌起舞，这里的坎桶村堪称峡谷内的桃花源，处处是田园风光。

迪麻洛峡谷

迪麻洛峡谷是一个怒族、藏族民居和自然景观融为一体的峡谷。峡谷前面的部分狭窄，这里鸟语花香，树木成荫，有溪水相伴；峡谷后段则有高山牧场和世界最高海拔的玉米种植区。

秋那桶村

秋那桶村是怒江大峡谷北端的最后一个村子，在怒族语言中，桶是和平、平安的意思。秋那桶峡谷是整个怒江大峡谷最精华的部分，这里原始森林茂密，瀑布众多，人在峡谷中穿行，沿途景色十分壮观。

★清晨，阳光下宁静的小山村。

★怒江大峡谷石月亮。

★怒江穿过泸水城区。

★怒江澡堂会。

泸沽湖

蓬莱仙境

地址 丽江市宁蒗彝族自治县东北部永宁乡 交通 丽江古城口玉河广场有专线车前往大洛水村和里格岛 门票 100元 开放时间 8:00~18:00

泸沽湖是由断层陷落而形成的高原湖泊，是云南省最高的湖泊，这里风光旖旎，民风质朴，有“高原明珠”之称。

整个泸沽湖状若马蹄，水质纯净，每天晨曦初露的时候，湖水如染，一片金红，当朝阳徐徐上升时，湖水则为翠绿，待夕阳西下，又成一片墨绿。湖上的小岛亭亭玉立，林木葱葱，青翠欲滴。来到湖畔，登上一艘小船，撑起长篙，便融入泸沽湖的画卷之中。

泸沽湖示意图

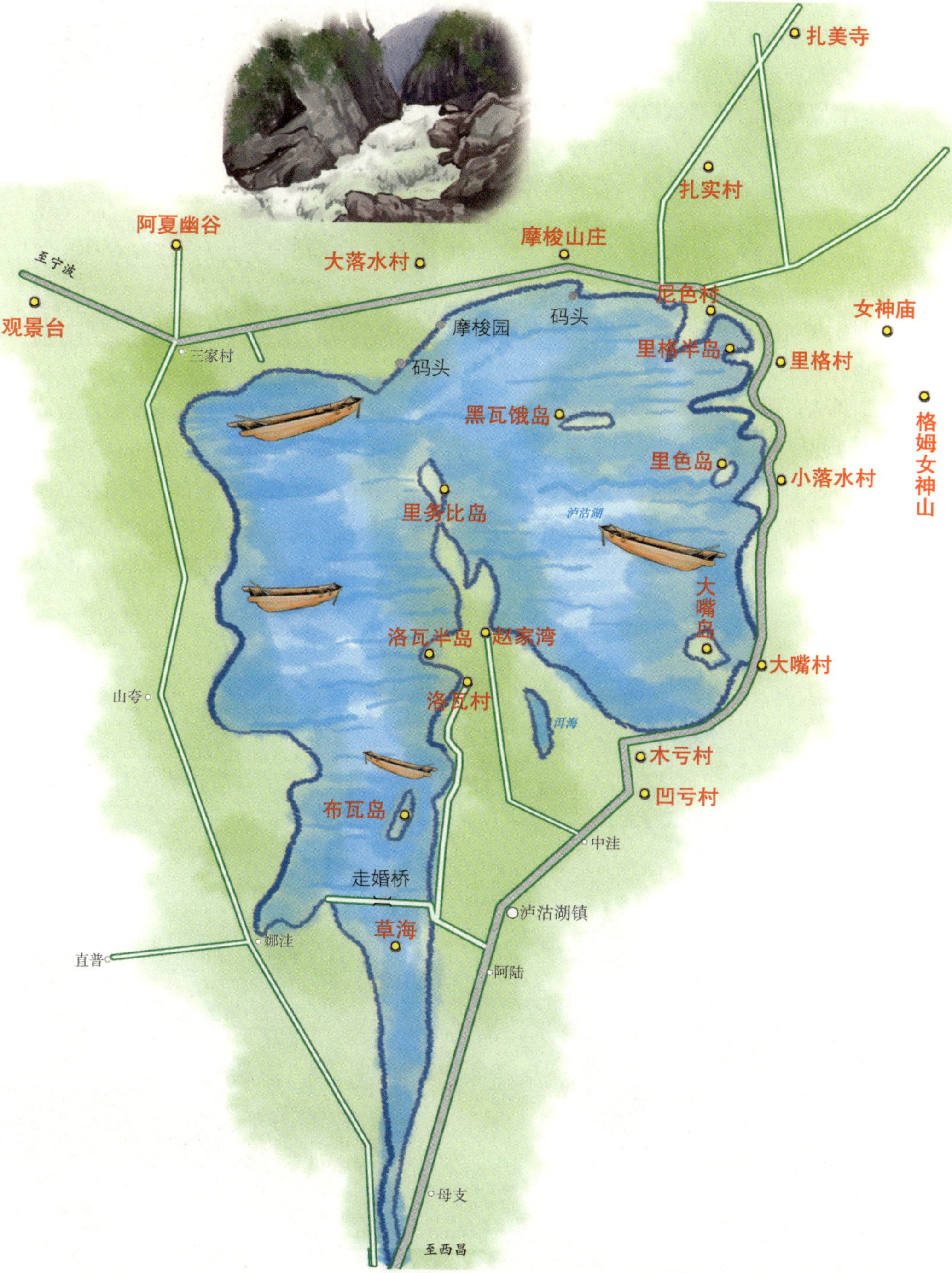
扎美寺
扎实村
阿夏幽谷
摩梭山庄
大落水村
至宁波
观景台
尼色村
女神庙
码头
摩梭园
三家村
里格半岛
里格村
码头
黑瓦俄岛
格姆女神山
里色岛
小落水村
里务比岛
泸沽湖
大嘴岛
洛瓦半岛
赵家湾
大嘴村
山夸
洛瓦村
洱海
木亏村
凹亏村
布瓦岛
中洼
走婚桥
泸沽湖镇
草海
娜洼
直普
阿陆
母支
至西昌

锅庄晚会

锅庄晚会是泸沽湖的传统娱乐项目。晚会时男女手牵手围成一圈，中间燃起篝火载歌载舞，姑娘们穿戴整齐，所有饰品都戴在身上，头缠黑布大包头，身穿白色百褶裙，高声歌唱对情歌，在端上一碗“苏理玛”酒，要情郎当众誓言忠诚。小伙子尽量表现自己的英俊潇洒，但有时过了头的兴奋反而闹笑话，乐得大家人仰马翻。

在舞会上男女牵手之际，如果女孩希望这男孩晚上来走访，就会在男孩手心里扣几下，暗示晚会后可随行。男孩可以不去，但没有挑选或暗示的权利。

环湖游泸沽

环湖是感受泸沽湖魅力的最佳方式。不管是单车、乘车甚至徒步，沿途的湖光山色和质朴的摩梭村庄能让你频频驻足。最为繁华的大洛水村，有摩梭民俗博物馆，在这里你可以快速了解一下摩梭文化和民俗。里格村北的山坡上有一处观景台，这里是俯瞰和拍摄里格岛的绝佳位置。继续前行，不远处的尼塞村有登上格姆女神山的缆车，山上的格姆

女神洞据说求子非常灵验。

继续往前经大嘴村、木夸、女神湾，可一直走到草海，走走横跨在草海上的走婚桥，脑补一下当年摩梭男女走婚的情景，也是一个不错的体验。之后可从博瓦湾附近乘猪槽船返回大洛水。

特色景点

泸沽三岛

泸沽湖是当地摩梭人的“母亲湖”，清澈的湖水当中，分布着大大小小很多岛（半岛），其中有三个岛比较有名。

里格岛位于狮子山下，是泸沽湖北缘海湾内一个美丽的海堤连岛，三面环水，一条毛石小路与海堤相通，环境十分幽静。岛上住有十多户摩梭人家，房子都沿岛而筑，屋舍门窗面对水面，开窗即可垂钓。

里务比岛处于湖中心，也叫蛇岛。岛上是土司过世后安葬的地方，另外岛上还有一座叫里务比寺的寺庙。

黑瓦俄岛上树木葱茏，百鸟群集，是南来北往的候鸟、野鸭的栖息之处。

摩梭村落

泸沽湖沿湖村落棋布，这些村落里民房建筑风格奇特，多数都是方木垛成的井干式木楞子房。

大落水村毗邻泸沽湖，是到泸沽湖必游的地方，分为上落水和下落水两部分，这里的民居无论新旧，都是全木结构的房屋，整幢房屋不用砖瓦，冬暖夏凉，是摩梭人特有的木楞房。

里格村坐落于格姆女神山下，房舍分布在湖湾和半岛上，独特的地理位置使得里格有着与别的村落不一样的湖光山色，小小的里格半岛更为游人所喜欢。

尼色村离里格村不太远，徒步30分钟就可到达，这里风景不错，还基本保留着原有的风貌，在整个环泸沽湖村落中绝无仅有。

草海

草海是泸沽湖的出水口天然形成的一片巨大的湿地，这里生长着大片的芦苇，茂密如海，得名草海。秋天或冬天的时候，泸沽湖里的草枯黄了，轻轻地倒在湖面上，高原上的蓝天白云倒映在草海里，枯黄的颜色里又出现了蓝天白云，让人更觉得这是一个非常神秘的湖泊。

★草海生长着大片的芦苇，茂密如海。

★泸沽湖特有的猪槽船。

★蓝天白云下的里务比岛。

★泸沽湖旁的村落。

★泸沽湖的黑瓦俄岛宛若漂在水中央。

虎跳峡

中国最美的峡谷之一

地址 迪庆藏族自治州香格里拉市虎跳峡镇东北部 **交通** 丽江每天有班车直达虎跳峡镇

门票 65元 **开放时间** 9:00～18:00

虎跳峡是世界上落差最大的峡谷，位于香格里拉市虎跳峡镇东部，分为上、中、下虎跳三段，全长约20千米。金沙江奔流至此，被玉龙、哈巴两大雪山所夹峙，江面最窄处仅二三十米，加上巨大的落差，江水奔腾汹涌。除了雄奇的自然风光，虎跳峡更是世界知名的徒步胜地，每年慕名而来的户外爱好者络绎不绝。

你不知道的虎跳峡

关于虎跳峡当地民间流传着一个优美的故事，相传金沙江、怒江、澜沧江和玉龙山、哈巴山原是五兄妹。三姐妹长大了，相约外出择婿，父母又急又气，要玉龙、哈巴去追赶。玉龙带着十三把剑，哈巴挎着十二张弓，抄小路来到丽江，面对面坐着轮流守候，并约定谁放过三姐妹，就要被砍头。

轮到哈巴看守时，玉龙刚睡着，金沙姑娘就来了。聪明的金沙姑娘想起了哈巴有爱打瞌

虎跳峡徒步示意图

睡的毛病，便边走边唱，一连唱了十八支歌。婉转动人的歌声果然使哈巴听得入了迷，渐渐睡着了。金沙姑娘瞅准这一机会，终于从两个哥哥的脚边猛冲过去，大声欢笑着飞奔而去。玉龙醒来见此情景，又气又悲，他不能违反约定，抽出长剑砍下了哈巴的头，随即转过背去痛哭，两股泪水化成了白水和黑水，哈巴的十二张弓变成了虎跳峡西岸的二十四道弯，哈巴的头落在江中变成了虎跳石。所以现在我们看两座雪山，玉龙雪山有“头”，哈巴雪山却没有“头”。

中虎跳，何去何从

人至中虎跳，虎跳徒步的精华已经领略得差不多了。之后的路，你还有如下选择：

一鼓作气，继续徒步至下虎跳，从新、老渡口过渡，从大具村返回丽江，完成虎跳全线，顺路可游玩玉龙雪山。

计划从哈巴村攀登哈巴雪山、去白水台的，可以从中虎跳返回公路，等候去哈巴村的车，从哈巴也可以转车去香格里拉。

从中虎跳返回桥头镇，然后搭车去香格里拉。

温馨贴示

徒步虎跳峡要量力而行，峡谷内白天气温较高，可带上短裤、T恤衫。因步行体力消耗较大，可带一些高热量的食品，如巧克力、牛肉干等。

从中虎跳到天梯的一段路异常凶险，旁边就是滚滚的峡谷江水，另一侧的山崖上还经常有石头坠落，徒步通过时一定要格外小心。

最应该小心的是位于核桃园和中峡旅馆之间的大深沟瀑布，无论晴雨都可能会有落石，非常危险。

虎跳峡已属于高原地区，如果徒步的话行走速度不宜过快，以免产生高原反应。

特色景点

上虎跳

上虎跳是峡谷中最窄的一段，其江心雄踞一块巨石，横卧中流，如一道跌瀑高坎陡立眼前，把激流一分为二，惊涛震天。传说曾有一猛虎借江心这块巨石，从玉龙雪山一侧，一跃而跳到哈巴雪山，故此石取名虎跳石。

中虎跳

中虎跳江面落差甚大，“满天星”礁石区是这里最险的地方。宽阔浩荡的江水，遇到危崖的挤压与阻拦，似乎变得怒不可遏，它聚集力量，向崖石不断发起冲击，狂涛汹涌，声震山谷。当你在哈巴雪山腰，沿着壁间蹬道小心攀行时，常常会遇到飞泉流瀑，从你身边掠过，犹如进入一个神话般的世界。

下虎跳

下虎跳接近虎跳峡的出口处，有纵深1千米的巨大深壑，是欣赏虎跳峡最好的地方。核桃园是中虎跳和下虎跳之间的一个小村，因原来村里种满了核桃树而得名。在这里你可枕着涛声入梦，还可听到峡谷客栈的传奇故事，会给你穿越虎跳峡的壮行增添几分温馨和浪漫色彩。

长江第一湾

万里长江从“世界屋脊”青藏高原奔腾而下，在巴塘县城境内进入云南，与澜沧江、怒江一起在横断山脉的高山深谷中穿行。到了丽江石鼓镇，突然来了个100多度的急转弯，转向东北，形成了罕见的“V”字形大弯，“江流到此成逆转，奔入中原壮大观”，人们称这天下奇观为“长江第一湾”。

玉龙雪山
银龙飞舞

地址 丽江市玉龙纳西族自治县北部 **交通** 可选择包车或者坐专门巴士前往
门票 进山费130元 **开放时间** 7:00 ~ 18:00

玉龙雪山是丽江最著名的景点之一，一共 13 座山峰连绵起伏，似银龙飞舞，因此得名。玉龙雪山以“险、奇、美、秀”著称。从山脚到山顶，有亚热带、温带、寒带等多级景观。

山脚的甘海子，是一片辽阔的牧场，春夏之际，草甸上龙胆兰、杜鹃盛放，在这里远望，玉龙群峰历历在目。海拔 3200 多米的云杉坪，这里是一片幽静的草甸，四周古木参天藤萝密布，环境幽静。

玉龙雪山示意图

温馨贴示

1. 乘坐大索道海拔提升较快，很多人一下子不适应，建议慢行，防止高原反应的发生。有不良反应也无须过度惊慌，可以到景区内的医务室接受治疗。

2. 购买玉龙雪山门票时需出示丽江古城维护费收据，如果没有需要补买，如果之前已买过一定要带上。

3. 乘坐大索道上山后，温度会比较低，建议携带适度保暖衣物。一般情况下，在山下的着装基础上，加一两件较厚的外套即可。当然，如果是冬季或者雨雪天气，则需带羽绒服。不带也不用担心，景区内服务点可以租借羽绒服。

4. 玉龙雪山景区空气稀薄，紫外线强烈，在景区游玩需注意防晒。建议提前准备好帽子、墨镜、防晒霜和润唇膏。

5. 不管是丽江古城周围还是玉龙雪山脚下，都有当地人拉客，建议游人“骑马上山、可看全景”。不建议骑马，无安全保障，而且，骑马是绝对不会上到山顶的。

特色景点

甘海子

甘海子是个天然草甸牧场，海拔在3100米以上，整个大草甸全长约4千米。有着辽阔的草原和大片的松树，生长着各种各样的奇花异草，生活着多种珍稀野生动物，一派世外桃源般的美景。

冰川公园

冰川公园的风景以冰川为主，这里冰川类型齐全，面积广阔，是一处名副其实的万年冰雪世界，其中玉龙雪山的主峰扇子陡下方的“白水一号”冰川最为著名，它如同一条凝固的瀑布从山顶倾斜而下，仿佛一块巨大的冰翡翠，镶嵌在嶙峋的怪石之间。

蓝月谷

蓝月谷中的河水在流淌过程中因受山体阻挡，形成了四个较大的水面，人称“玉液”湖、“镜潭”湖、“蓝月”湖和“听涛”湖。湖岸四周绿树繁茂，湖水湛蓝，透明得像宝石一样动人心魄。白云连横，浮于山际，倒映在湖面，如梦幻影，仿佛仙境一般。

云杉坪

云杉坪远看好似玉龙雪山脚下的一片翠绿的地毯，每逢春夏之际，这里绿草茵茵，繁花点点，四周被原始树木包围，奇异、幽静，动人。

牦牛坪

牦牛坪为典型的草甸牧场景观，高山雪原风光与黑水河溪流做伴，与天然幽静古朴的原始森林景观为群，层次分明，多姿多彩。牦牛坪的山谷十分好玩，那里远离人群，并且还有一处融化积雪汇成的小湖，可以真正地享受与世隔绝的幽静。

★玉龙雪山山顶白雪皑皑，似在不经意间就白了头。

★从黑龙潭远眺玉龙雪山。

梅里雪山
云南第一高峰

地址 迪庆藏族自治州德钦县云岭乡西部 交通 从德钦可乘坐出租车前往飞来寺
门票 套票有150、228、230元不等，雨崩村55元 开放时间 7:00～16:00

梅里雪山又称太子雪山，主峰卡瓦格博，藏语意为峡谷中险峻的白色雪峰，海拔约6740米，是云南省第一高峰。

飞来寺的传说

飞来寺的建造及命名，有一个颇具传奇色彩的故事。相传建寺时选址原定在现址两千米以外的地方，就在全部用料已经备齐准备破土动工的头天晚上，柱梁等主要建筑材料不翼而飞，住持派人寻踪追迹。找到现址时，发现柱梁已按规格竖好，人们以

★梅里雪山山脚盛夏之际绿草如茵。

为这是神意，于是把寺建成于现址，并因柱梁飞来自立，命名为“飞来寺”。

徒步雨崩

雨崩，是一个童话般的存在。它深藏在山谷之中，沐浴着梅里雪山的神光，有着天堂一样的美丽，有着最纯朴的藏族同胞。目前游览雨崩最好的方式便是徒步。

徒步路线：1. 从西当热水塘—南宗拉垭口（面丫）—雨崩上村—雨崩下村，再原路返回西当。这是多数到雨崩徒步者的传统走法，亦可骑马而行。

2. 从西当—扎郎—尼农—雨崩河—雨崩下村—雨崩上村—南宗拉垭口（面丫）—热水塘—西当。此线路由于西当经尼农到雨崩七彩峡谷，过于险峻而很多当地人都不走了。

3. 西当热水塘—南宗拉垭口—雨崩上村—雨崩下村—雨崩河—尼农。此线

路是将线路 2 反过来走，既可观赏雨崩的美景，又可感受徒步雨崩的惊险，而且回程时伴随着雨崩河一路下山，轻松愉快，关键还可以欣赏七彩峡谷。虽然有 3~4 千米临涧险路，但只要不恐高就没问题。

清晨，太阳刚刚升起，阳光均匀的洒在雪山之上，山顶的白雪散发出耀眼的光芒。

特色景点

卡瓦格博峰

卡瓦格博峰是梅里雪山最高峰，也是迄今无人能登顶的“处女峰”，这里冰川连绵，冻土成片，是登山运动员极想攀登的地方。2000年，卡瓦格博作为藏传佛教的朝觐圣地，从此以后永远不允许被攀登。

飞来寺

飞来寺位于滇藏公路沿线，是观赏梅里雪山的理想地点。该寺始建于明代，沿途古松林立，景致优美。传说飞来寺建寺的木料是凌空飞来的，所以才叫“飞来寺”。

雨崩村

一个神奇美丽的地方，行走其间让人有旷世桃源之感。位于梅里雪山背面的雨崩村四面群山簇拥，因其地理环境独特，所以人烟稀少，全村只有二十几户人家，仅通过一条驿道与外界相通。这里交通不便，山路陡峭，只有徒步或者骑马翻山越岭到此，是远离尘嚣的“世外桃源”。

明永冰川

明永冰川是一条低纬度热带季风海洋性冰川，冰雪终年不化。由于它所处的雪线低，气温高，消融快，靠降水而生存，因而它的运动速度也快。冬天冰川如一条银鳞玉甲的游龙，从高高的雪峰一直延伸到山下。

★梅里雪山的最高峰——卡瓦格博峰。

★梅里雪山雨崩神瀑。

★最美梅里雪山。

★梅里雪山的一米阳光。

普达措

梦里天堂

地址 迪庆藏族自治州香格里拉市以东约22千米处 交通 香格里拉客运站每天有去普达措的班车 门票 100元，部分景点已关闭 开放时间 11至次年3月8:30～16:00；4～10月8:00～17:00

普达措是“碧塔海”的藏语原名，藏族人视这里为天然净土。普达措国家公园是世界自然遗产“三江并流”风景区的重要组成部分，公园内风景优美，原始生态环境保存完好，既有明镜般的高山湖泊、水美草丰的牧场，也有百花盛开的湿地和茂密的原始森林。春季五颜六色的杜鹃花铺满山坡；夏天可以看着满山碧绿消暑乘凉；秋季的普达措是一片五彩斑斓的景象；冬天欣赏白雪中的碧蓝湖波。

小中甸花海

花开的季节，行驶在香格里拉去往丽江的 214 国道上就能够欣赏到两边的美景。5 月下旬至 6 月中旬是看牡丹的最佳时间，7 至 8 月各色野花遍地绽放，9 月下旬以后狼毒花叶变得血红。景致较好的路边都有村民轮流设卡收费，要想在百花丛中留影，就乖乖交上环境保护费。

摄影爱好者最喜欢追逐狼毒花，常有人误以为血红便是花朵的颜色，其实红的是叶子，真正的狼毒花是一朵朵小小的黄花，在初夏就开过了。狼毒花开据说是草场退化的先兆，预示着可供牛羊吃的草料将越来越少，这也是当地牧民忧心忡忡、最不愿见到的景象。

★ 怒放的鲜花。

现代版的“世外桃源”

香格里拉，这里有金字塔般矗立的卡拉尔雪山、神秘幽奇的蓝月山谷和悬岩上藏传佛教寺院，人们过着与世无争的生活，如同晋代陶渊明笔下桃花源一般。

当香格里拉逐渐成为“祥和、宁静、和谐之地”的代名词后，人们纷纷在世界各地寻找“香格里拉”的真实所在。

普达措示意图

持果岗
属都湖
当曲卡村
属都湖片区至碧塔海片区游路
弥里塘牧场
洛茸至弥里塘徒步线路
洛茸村
餐厅
景区入口至属都湖游路
属都岗河
碧塔海至普达措门景游路
远景观景台
碧塔海栈道
碧塔海
碧塔海停车场
岗擦坝
吉利古
栈道
景区入口
普达措南线停车场
霞给藏民俗村
至普达措南线

特色景点

属都湖

属都湖是香格里拉较大的湖泊之一。属都湖以“晨雾倒影”著称，在雾中悠游，宛若仙境。清晨的阳光洒在属都湖的湖面上，让人忘却了大城市的喧嚣，整个人都融入到这片净土中，偶尔牦牛的铃铛响起，远远地看着它们，你会觉得这里真的如同人间仙境。

弥里塘牧场

弥里塘高山牧场位于碧塔海与属都湖之间，因形似细长的佛眼而得名。整个牧场为亚高山草甸，海拔约3700米，牧场上生长的植物富含蛋白质和脂肪，牛羊吃了膘肥体壮，产奶量大并且含酥油和奶酪比例高，因此弥里塘牧场一直是香格里拉的重要牧场。

碧塔海

在这个高原上，生长着密密丛丛的冷杉，形成一片风姿绰约的森林。被森林包围的，便是明镜似的碧塔海。它美丽而不张扬，静静地躺在群山环抱之中，深蓝深蓝的湖水倒映着蓝天白云。微微荡起涟漪的时候，它一定是轻轻地“睁眼”了，而后又半睁半闭地“睡”去。

坝美村

最后的世外桃源

地址 文山壮族苗族自治州广南县坝美村 交通 乘3路公交可到坝美村入口，再乘船进入寨子 门票 35元 开放时间 全天开放，但只有白天溶洞口才有船

“坝美”是壮语的音译，意为“森林中的洞口”，坝美四面环山，山上树木葱茏，坝里绿树郁郁苍苍。坝美村与世隔绝的地理环境造就了其鸡犬相闻、与世无争的古朴风貌，像极了桃花源。这里的风景温婉动人，成为全国摄影爱好者的“新宠”；这里的壮族风情也让人陶醉。

坝美村属喀斯特地貌，四周被翠绿的群山环抱，境内一年四季流淌着一条名为“驮娘江”的清澈小河。这个村寨的神奇之处就在于，进出村都需乘船经过幽深、昏暗的水洞。尤其是村落中的那几棵大榕树，把整个坝美裹成一团油绿。

你知道水洞口的天窗是怎么来的吗

相传，从前天上有一条作乱的黑龙，见不得坝美村的人们过着男耕女织、欢歌笑语的日子，便下到人间兴风作乱，要坝美村的人们献出美女作为妻妾，搅得人们不得安宁。但坝美村人宁死不屈，

★ 群山环抱中的古朴坝美。

三天三夜擂响战鼓与龙抗争。响声惊动了天庭的玉帝，查明原因后大怒不已，命天兵天将下到凡间将黑龙捉拿归案。黑龙敌不过天兵天将，便藏在落水洞中不敢现身，天将雷公喷出三个火球把溶洞劈出三个天窗使得黑龙无处藏身，束手就擒。

历史上的坝美

在从前，由于坝美坝子四周皆为喀斯特陡峭山峦，有王子山、墨斗山、将军岩、猴爬岩等，动辄高出坝子数百米，将坝美严严实实地围住，其中猴爬岩就陡然壁立一两百米，因只有猴子才能攀缘而得名。而坝美又地处亚热带，茂密凶险的雨林覆盖了几乎所有地方，其间有的是毒蛇猛兽，更使人寸步难行。

相传过去曾有土匪风闻坝美的富庶，几次前来进攻，都不战而退。原来他们都不敢从黑黝黝的水洞进来，试着翻山越岭闯入，哪晓得仅一两个猎人才能钻得着的山口，都被坝美人布上了会叮人极疼痛的“牙汗”树枝，土匪碰上，无不惨痛，心想坝美的树木都如此厉害，那人岂不更了得？于是只好仓皇逃走。再说坝美四周山上还有无数山洞，那些山洞有的深不可测，还不时出些怪事，或在天气变化时发出奇怪而恐怖的声音。这些已经成为坝美人的传说之源。

在1950年，坝美村仅有30来户人家，村四周全是莽莽丛林和荆棘，有许多眼镜蛇和其他毒蛇，还不时有豹子到村里叼猪。每年二三月一开春，就有猴子从山上下来，一群一群的，摘坝美人家的庄稼。对此，坝美人都是一笑了之，因为他们认为人与大自然本来就是合一的。

坝美的男河和女河

坝美不仅民族风情独特，风光也特别美丽。驮娘江在坝美村中央冲击出一个三角形河滩后，就分成两条河向东流去，一条河叫“男河”，一条叫“女河”。在炎热的夏季，这两条河便成了男、女洗浴的地方。在茂密的竹林里换下汗渍斑斑的衣服，纵身跳入清凉的河水中，是一件十分惬意的事。

★世外桃源般的坝美村。

★坝美风雨桥。

★清晨的坝美古村落。

诺邓古村

千年白族村

地址 大理白族自治州云龙县城以北 交通 从云龙县城包面包车可到；如果行李不多，也可以尝试步行 门票 免费 开放时间 全天开放

诺邓位于大理云龙县的大山里，是一处安静古朴的村子，这里有很多建筑形式独特的白族民居，隐秘如世外桃源一般的山林风景，非常漂亮。一部《舌尖上的中国》又让诺邓火腿火遍了大江南北，成为来这里必须体验的美食。

诺邓村四面环山，村前有水，围绕着盐井就着山势修筑了层层叠叠的民居，是一个很美的隐世村落。但少有人知的是，这里以前曾是茶马古道上的重要站点，由于产盐这里曾是商贾云集的贸易地点，因此也为这里留下了大量的精美建筑，构成了今天诺邓的美。

从盐追溯诺邓的过去

诺邓因盐而生，因盐而兴旺，也因盐而闭塞。

当汉代实行盐铁专卖以后，盐业就开始兴旺起来。而云南凭着得天独厚的地质条件，更是出现了不少盐井。记载中，

今安宁、大姚、云龙一带在汉代的时候就是著名的产盐区。而记载中，还曾经提到同样也是出现在汉代的诺邓盐井。这短短的一行句子，并没有办法诠释盐对于诺邓的重要性。

明朝的诺邓，最为繁荣，这里开设了五井盐课提举司，下属顺荡、诺邓、师井、山井、大井五个盐课司。不久之后又开设了雒马井、石门井、天耳井三口盐井，这就是赫赫有名的“云龙八井”。诺邓所出的盐，盐质非比寻常，名声渐响后随之而来的就是大批铃声不绝的马帮。

当年马帮走的路线相当宽泛，东面到大理、丽江，南面走金齿（保山）、腾越（腾冲），西面至六库、片马，北面就是兰坪、德钦。马帮多是披红，挂大铃铛，有头马，这就是招牌。在一千多年的历史中，有无数这样的大队人马曾经走在大块红砂石铺就的古道上。

繁华过后的诺邓，在造就了这番崇山峻岭中的风光后，也渐渐地迎来了衰败的时刻——制盐法出现了改变。当人们有了更方便更好的选择之后，就渐渐

不再出没于这个深山中的古村，诺邓也慢慢陷在无比的没落和幽静中。

诺邓火腿的制作

在立冬以后到立春之间这段时间，诺邓村几乎家家都会腌制火腿。腌制过程很简单，只需将自制的诺盐均匀地撒在火腿上，反复揉压。用盐量的多少、手法的轻重全凭经验。虽然用料相同，但各家味道都会有自己的特色。一般腌制一只腿至少需要 3 斤左右的诺盐。抹完盐后，还须将猪腿皮朝下，上面用大石块压上 15~20 天，之后再将火腿吊起风干。诺邓火腿好吃的秘密在于腌制火腿的诺盐，诺盐含钾，却不含碘。三年以上的火腿便可以生食。

★古法制盐。

特色景点

黄氏题名坊

村中石牌坊，原为明代五井提举司衙门旧址，后为黄氏家族科举题名坊，镌刻有明中期至清乾隆年间黄氏家族历代举人、进士功名。

万寿宫

最早为元朝时期外省客商会馆，后改作庙宇，原称“祝寿寺”，清初改名“万寿宫”，现古建筑犹存部分木架结构，前楼基本完好。

诺邓村民居建筑

北山黄家宅子，北山主体民居建筑，皆因山就势构建，且有古街铺、古市肆等，街巷纵横交错，风格特异。河东民居建筑群：四合五天井串联递进式院落等风格奇巧，各具特色。

盐井

最早开凿当在汉朝，至今二千余年。最初形成“诺邓井”之名距今已有一千三百多年，现除盐井外，还留存有井房及煮盐大灶等建筑。

古驿道

古代诺邓村北抵丽江、东向大理、南往保山、西去片马腾冲的驿道和桥梁，多由石板铺就，至今遗踪尚存，蹄迹长留。

★诺邓古村棂星门坊。

诺邓，一处安静古朴的村子。

哀牢山

植物王国皇冠上的一块绿宝石

地址 玉溪市新平彝族傣族自治县戛洒镇 交通 可乘新平戛洒客车，再转乘戛洒到景区的班车 门票 茶马古道20元，石门峡40元，套票60元 开放时间 8:00～17:00

新平，是视线里涂满绿色的庄园，是一片未受污染的净土。这里有悠悠红河水、巍巍哀牢山。穿越新平哀牢山自然保护区，一幅幅天然画卷令人心旷神怡：茂林、溪涧、山花、迷雾、古道。游人在这里的绿色中迷失，没有人会介意旅途的遥远和艰涩，关心的只有心情是否得到一次阳光的沐浴。

哀牢山茶马古道

茶马古道历经 1300 多年的历史沧桑。其中最艰险的一段，就是新平境内翻越哀牢山原始森林的一部分路段。这里路面多用石块铺砌而成，从古道青石板上留下的古老、神奇的马蹄窝里，我们便可以看到千百年来，这里马帮成群、行客如云、马铃声声、弦曲悠扬的滇南大通道的繁荣。

新平哀牢山的古老傣族

相传，在远古时期，人们为了寻找更富裕的安居之地，开始向南徙迁，其中有一支部落，因为衣着华丽行动缓慢而落在了队伍的后面。当他们来到哀牢山下红河谷地时，发现砍掉的芭蕉已生出了嫩芽，认为前面的队伍已经走远，便在这里定居下来，造屋种地，繁衍生息，一直延续至今。

特色景点

南恩瀑布

南恩瀑布整个瀑布群分布在巨大的岩石板上，最宽处十余米，落差达百米。瀑布四面是悬崖峭壁，湍急的流水从山顶悬崖喷涌而下，整个绝壁水珠溅落，烟雾迷茫。雨季尤为壮观，它犹如一条咆哮翻滚的巨龙从天而降，在激越的奔腾中摄人心魄。

陇西世族庄园

陇西世族庄园是一座雄踞于莽莽哀牢山中的古堡，是新平传统园林建筑的精华。庄园俯视群山，建筑构造坚实，造型特别，融合了大理石浮雕、红椿木雕及传统的中国书法、绘画、园林和西洋建筑等艺术形式，彰显出了当年李氏家族显赫一时的权威。

茶马古道

哀牢山的茶马古道是一条50多千米长的古驿道，走在古道上能看见深尺余的马蹄印，隐隐约约间仿佛还能听到马头哥长长的吆喝声和悠扬的马蹄声。而如今，古道寂寂，铅华散尽，曾经的繁荣全都不知去向，只剩丛林中深深的马蹄印静静守候着前人那段闻名的足迹。

大槟榔园生态村

哀牢山下，最诗意的栖居是傣族的村寨；美丽的大槟榔园就坐落在气象万千的哀牢山脚下，村前的红河水滔滔南流，江边的沙滩开阔舒软，岸边的古榕树等亚热带乔木高耸云天，周边是阡陌纵横的田地。

大沐浴生态村

大沐浴村是傣族聚居地，这里原汁原味地展示了傣族的民居建筑、历史文化、民俗民风的民族文化生态风情园。村中源于山涧的泉水穿流，一幢幢具有民族特色的房子掩映在凤尾竹、荔枝树下。滔滔南流的漠沙江、古朴典雅的土楼、秀丽的田野风光展示着这里独特的自然景观。

★南恩瀑布犹如一条咆哮翻滚的巨龙从天而降。

360°
全景旅行
畅游云南

第五章

最富地区特色的云南美食

过桥米线

滇南小吃

过桥米线源于滇南蒙自，距今已有一百多年的历史，以用料考究、制作精细、吃法独特而深受云南人民的喜爱，它已经成为云南美食的代名词。

传说蒙自城的南湖风景优美，常有文人墨客在此亭攻书读诗。有位杨秀才，经常去湖心亭内读书，他的妻子每次都将饭菜送往湖心亭。杨秀才读书刻苦，往往废寝忘食，以至于常常要吃冷饭凉菜，身体日渐不支。

妻子焦虑心疼，思忖之余把家中母鸡杀了，用砂锅炖熟，给他送去。待她再去收碗筷时，看见送去的食物原封未动，丈夫仍如痴如醉在一旁看书。她只好将饭菜取回重热，当她拿砂锅时却发现还烫乎乎的，揭开盖子，原来汤表面覆盖着一层鸡油，加之陶土器皿传热不佳，把热量封存在了汤内。

得到启发的妻子以后就用此法保温，另将一些米线、蔬菜、肉片放在热鸡汤中烫熟，趁热给丈夫食用。后来不少街坊邻居都仿照她的这种创新办法烹制，烹制出来的米线确实鲜美可口。由于杨秀才从家到湖心亭要经过一座小桥，大家就把这种吃法叫作“过桥米线”。此后又经过历代滇味厨师的改进创新，过桥米线成为滇南的一道著名小吃。

过桥米线由汤、片、米线和佐料四部分组成。米线则以细白、有韧性者为好。吃时用大瓷碗一只，先放熟鹅油、味精、胡椒面，然后将鸡、鸭、鹅、排骨、猪筒子骨

★ 美味过桥米线。

★ 蒙自南湖。

等熬出的汤舀入碗内端上桌备用。此时滚汤被厚厚的一层油盖住不冒气，但食客千万不可先喝汤，以免烫伤。要先把鸽鸡磕入碗内，接着把生鱼片、生肉片、鸡肉、猪肝、腰花、鱿鱼、海参、肚片等生的肉食依次放入，并用筷子轻轻拨动，好让生肉烫熟。然后放入香料、叉烧等熟肉，再加入豌豆类、嫩韭菜、菠菜、豆腐皮、米线，最后加入酱油、辣子油。

初去云南吃此小吃的人如不向别人请教会闹出笑话：汤是滚烫的，由于表面有一层鹅油，一点热气也没有，初食者往往误认为汤并不烫，直接用嘴去喝，这样很容易烫伤嘴皮。因此，不能用嘴直接去喝汤。在食用时应先食鹌鹑蛋，再食生片，趁汤是最高温的时候将生片烫熟。过桥米线是分食的，每人面前生片、鹅汤、蔬菜、米线各一碗。

现在过桥米线已经成为中外游客到云南旅游必尝的地道美食。这美味的米线里面不仅仅只有佐料的味道，还有杨秀才锲而不舍的志气和杨妻默默无言的关心，以及这对夫妻举案齐眉的爱情之味。

松茸

菌中之王

云南的松茸随着《舌尖上的中国》红遍大江南北，镜头里的松茸，在松树和栎树的交混林里，在没有污染的高海拔山地，才能长得如精灵一般。带着露水的松茸，是美的化身，它汲取天地之精华，蕴含人体所需的多种营养成分。不但味道鲜美，而且还具有益肠胃、理气化痰、驱虫等功能，是中老年人理想的保健食品。

松茸，纳西语称“裕茂萝”，是丽江地产菌类中的山珍，松茸产品主要由丽江空运出口，包括鲜货和盐渍两种。松茸如同一个挑食的孩子一般，对生存环境的要求尤为苛刻，只能生长在没有任何污染和人为干预的原始森林里，而且必须和松树的根系形成共生关系，共生树种的年龄必须要在 50 年以上，同时需要依赖柏树、栎树等提供营养支持。

松茸不仅是对生长地要求苛刻，且对出土的天气要求也极其严格。出土之前，需要一

★ 松茸菌王汤。

场充沛的雨水浇灌土地，出土后也要立即得到充足的光照。

生长在海拔1600~3200米地段的松茸与松树有共生关系，松茸孢子落地后与林木的根共生，形成呈蘑菇状辐射分布的菌根，被称为“菌塘”，这样的环境才最适合松茸生长。进入林地，大大小小的松茸出现在大家眼前：刚刚冒出土层的童茸白中透黄，显得湿嫩嫩的；挂着松针的成茸为浅棕红色，很挺拔；伞盖完全打开的老茸则像玉盘般美丽。

松茸的吃法很简单，高端的食材往往只需要采用最简便的烹饪方法，如此便能完整地保留松茸的美味与营养。滋补是一种追求营养的吃法，好的滋补吃法，对松茸的营养破坏最少。

秋天也是吃菌子最好的时候。等了一年饥肠辘辘的人千里迢迢到云南，吃到鲜美的松茸，松茸进入口齿间的一瞬，味道便定格在了那一刻，每到秋天，人们就一定要吃到新鲜的松茸。

温馨贴示

目前国际市场公认的中国优秀松茸主要来自香格里拉。因这里自然环境适宜，松茸品质最好，肉质紧密有弹性，香气十足，颜色呈淡黄色或米白色。在购买松茸时，可以通过手指按压、闻气味、看颜色等方法来判断产地。

汽锅鸡

滇中名菜

汽锅鸡，因用汽锅蒸制而得名。昆明南部建水出产的紫陶汽锅，采用当地的红、黄、青、紫、白五色陶土制成，具有“色如紫铜，声如罄鸣，光洁如镜，永不褪色”的特点。汽锅鸡是云南的名菜之一，早在 2000 多年前就在滇南民间流传。

汽锅鸡是云南独有的高级风味菜，它的烹制方法特殊，汤汁鲜美，原汁原味，富于营养，在国内外均享有盛誉。

大约在清代中期，汽锅鸡便开始在建水一带民间流传。相传是监安府（今建水县）福德居厨师杨沥发明的吃法。那年皇帝巡视监安，知府为取悦天子，发出布告征求佳肴，选中的赏银 50 两。杨沥家贫，老母病重，为得重赏，他综合了当地吃火锅和蒸馒头的方法，创造了汽锅，又不顾生命危险，爬上燕子洞顶采来燕窝，想做一道燕窝汽锅鸡应征。不料汽锅被盗，杨沥被问欺君之罪，要杀头。幸而皇帝问明真相，免杨沥一死，并把福德居改名为“杨沥汽锅鸡”。从此，汽锅鸡声名大振，成为滇中名菜。

汽锅的前身是陶制火锅。早年，云南杨林、建水等地用名贵药材冬虫夏草煨仔

★ 云南风味菜——汽锅鸡。

鸡，叫“杨林鸡”，煨鸡的陶制火锅叫“杨林锅”。杨林锅产于建水，建水陶器已有千年以上历史。在清代，陶工师傅潘金怀用红、黄、紫、青、白五色陶土烧结成彩色陶器。1921年，有一个叫向逢春的陶工，继承了他家祖传的手艺，创制了烹饪用汽锅。就这样，“汽锅鸡”取代了“杨林鸡”。人们形容建水陶“明如水，亮如镜”“体如铁石，音如磬鸣”。20世纪60年代周总理出国访问，曾携带建水紫陶汽锅、花瓶作为礼物赠送外国朋友。

建水汽锅是用中国四大名陶之一的建水紫陶生产的蒸煮器皿，它经过绘画、镌刻，高温烧结，用硅石打磨抛光而成，外形光亮细润，古色古香，具有耐酸碱、透气、无铅无毒的性能，观赏性与实用性兼具。使用建水汽锅蒸煮食物，保存时间长，味道鲜美。

汽锅鸡的制作方法十分独特，把切好的鸡块放入汽锅内，不注水，加入精盐、姜片、葱节等佐料和滋补药材，然后盖上盖子，放在另一盛满水的汤锅上。汤锅中的水沸腾后，蒸汽从汽锅底部的空心管中冲入汽锅，锅内的鸡肉蒸熟后便成为美味的汤鸡。

烹制汽锅鸡，鸡种要选择本地土鸡，而且鸡太大不行，太小也不行，太肥不行，太瘦也不行，肥太腻，瘦子又显腥寡，用刚要下蛋的嫩母鸡或和刚开叫的小公鸡最好。作料很简单，只有几片生姜、几根小葱、少许胡椒、精盐。吃时候要将葱姜拣去，只留其味去腥，清新适口。

温馨贴示

在汽锅鸡中配入云南特产的名贵药材“三七”“虫草”“天麻”，使鸡汤更有营养，还有润肺、补肾功能，对冠心病、虚弱贫血症有显著疗效，成为滋补佳肴。此后汽锅鸡声名愈盛，到昆明一定要一尝方休。

傣族菜

民族特色菜

傣族人认为，吃酸的心爽眼亮，有助消化，多吃酸的可以消暑解热；吃甜的，能增加热量，解除疲劳；吃辣的可以增进食欲，预防伤风感冒；而吃生的，则可保证营养。傣族人还认为，傣味的酸，则要酸得爽口。

傣族菜是指云南傣族人的特色菜，特点是口感酸辣、清谈、开胃，烹制时不勾芡。选料也很独特，除了云南当地品种繁多的菜蔬、珍贵的菌类，不少菜苔、昆虫等都能入菜。傣族的饮食具有独到之处而又富有特色。在人们心目中，往往把酸和傣族联系在一起，无酸不成餐已成了傣族的饮食习惯，“酸摆夷”的称谓便是由此而来的，以酸见长已成了傣族饮食文化中的一朵奇葩。

★ 傣族风味菜。

★芳香柔糯，别有风味的香竹饭。

香竹饭

香竹饭具有浓郁的傣族风味，每年11月至次年2月间做出的饭最好。此时竹子内有一层香气扑鼻的香膜，所以叫香竹。傣族人先将香竹的竹节作底砍下，然后将泡过的糯米放进竹筒内，用芭蕉叶塞住竹筒口，用水浸泡15分钟，放进火灰里焐着或在炭火上烤，待竹筒口冒出蒸汽达10多分钟后，再取出来，吃的时候用木槌敲打，使饭变得又软又香，吃起来芳香柔糯，别有风味。

香茅草烤鱼

香茅草烤鱼也是一道傣族风味菜。一般先将洗净的鱼裹上味道芬芳的香茅草，然后置于火上烧烤，并抹上适量的猪油，烤时香气四溢，这样烤出来的鱼香味扑鼻，鱼肉酥脆、味道鲜美独特。香茅草含有浓郁的柠檬香味，拿去泡水，水就是柠檬水；拿去挂在房子里面，吐气如柠檬，使人有误入果园的幻觉。

菠萝紫米饭

菠萝紫米饭是西双版纳的特色美食。既是一道主食，也是一道菜品，制作比较简单。需要一整只的菠萝，去掉柄和过长的尖叶，并切掉顶端的菠萝盖，取出菠萝心，将紫糯米浸泡7小时后放入菠萝壳里，盖上菠萝盖后煮到香气扑鼻即可。菠萝的酸、甜与紫糯米的软、糯相结合，米饭中掺着菠萝香味，吃起来清甜爽口，并含有高营养价值，有补血之效。

春鸡脚

西双版纳人民喜好酸辣的食物，出身于凉拌类食品的品种繁多，春鸡脚也是一道热门菜肴，添加了一些西双版纳独有的香料，口感酸甜微辣，成为一道绿色食品，品味这里生活的慢节奏风尚，搭配小瓶啤酒，闲话家常，不够辣的朋友，可以升级加辣。

★傣家酸粑菜。

巴拉达

巴拉达是外来食品，类似民间煎饼，更像印度飞饼，这种食品经过傣族人民改良加工，成为近代当地人民的傣味佳肴，加入了热带水果、鸡蛋、炼乳等食材，“巴拉达”也端上了傣楼，成为傣式菜色的其中一项。

油炸竹虫

热带雨林里有飞禽走兽不足为奇，来到了傣家，就要具备有胆试食的勇气，边吃边感受触骨般的心跳。竹虫生长在野生毛竹体内，以新鲜的竹子为食物，当地人从森林中砍回毛竹，打开竹筒就可以取出竹虫，油炸后配上椒盐。味道油而不腻，口感生香。每年雨季，本地菜馆都可以品尝到这类特色菜肴。油炸竹虫，最具强身健体的功效，独此一处，尽在西双版纳。

泡鲁达

在傣族风味餐厅里，我们会看到非常著名的小吃——泡鲁达，其是用西米、大西米、木瓜冻、炼乳、特制奶油面包干、新鲜椰丝加上碎冰块制作而成，做好的泡鲁达香甜扑鼻，神清气爽。其中的奶油面包干，泡在奶香浓郁的冰水中，入口即软。

★黑三剁。

温馨贴示

傣族菜是指云南傣族人的特色菜，特点是口感酸辣、清谈、开胃，烹制时不勾芡。选料也很独特，除了云南当地品种繁多的菜蔬、珍贵的菌类，不少菜苔、昆虫等都能入菜。

最佳品尝地：曼景兰民族风味美食街、祥云美食城。

大救驾
皇封名吃

“大救驾”是云南腾冲的名特小食。选用优质大米做成饵块，切成片，再配上鲜肉、火腿、鸡蛋、冬菇、泡辣椒等烹炒，味道软、香、爽口。

“大救驾”与昆明炒饵块不同的是，切成三角形的饵块薄如纸，佐料以鸡蛋、糟辣子，番茄、白菜心、葱为主，决不放酱油，只用盐调制咸味。因此，其色彩如水粉画，清新明快，红、黄、白、绿，甚是清秀雅洁。食之，味道也

★ 内容丰富的大救驾。

较清爽，香辣适度，别具一格。

腾冲人将大米精加工为饵丝、饵块，已至少有好几百年历史。腾冲饵丝、饵快吃法多样，可炒、可烤、可煮：“大救驾”即是先将卷轴饵块薄片切成三角形或菱形小片，配以鲜肉片、火腿片、鸡蛋、香蕈、胡萝卜、西红柿、豌豆尖等辅料及各种香辣作料在辣锅中爆炒而成，其色五彩斑斓，其味满口流香，滑嫩不腻，令人食而不知餍足；将饵块切成饼状在炭火上烤黄，然后拌入加了草果、八角、芝麻油、辣椒油等作料的稀豆粉浆里，叫稀豆粉粑粑；鲜肉、鲜汤、鲜菜、鲜饵丝在小锅上一滚而就，叫小锅饵丝。

饵丝的吃法主要是如米线、面条般做成“汤”的，腾冲饵丝以氽肉为鲜汤，倾入饵丝中便成。这是由于腾冲饵丝用所谓“浆米”做成，质地既有“筋骨”又软，烫一烫便

入口柔糯。巍山粑肉饵丝是用猪后腿烧后刮洗，再大块不放盐炖到极烂，瘦肉成纤维，肥肉不感油腻，云南人称“粑”，粑肉做饵丝的“罩帽”，饵丝用当地有名的“黄皮谷”制成，洁白无瑕而柔韧不易断，加肉、油辣子等，鲜香可口。云南饵块的吃法很多，可炒、可煮、可蒸、可咸、可甜，腾冲“大救驾”饵块的制作，除了炒，还可将饵块制成丝，形同面条，和用猪、牛肉加工成的臊子一起煮，配以各种新鲜蔬菜，即汤水饵丝，汤味纯正，叶鲜肉嫩，倍觉清新适口。

温馨贴示

品尝大救驾的时候，盘中的炒饵红、绿、白、黄相映，软糯烫进食时伴之喝上几口酸菜汤，食欲大增，胃口顿开，酸菜汤内的有机酸和酶类有帮助消化吸收的作用，因此对初来乍到的人，吃了“大救驾”同样备感可口。

360°
全景旅行
畅游云南

第六章

最值得向往的云南民族风情

168-181

茶马古道

茶马互市

茶马古道是青藏高原上一条异常古老的文明孔道。这些古道由石板铺制而成，从崇山峻岭之间穿梭而过。如今人迹罕至的古道曾经也是络绎不绝的贸易之路，一队队马帮赶着骏马，骏马驮着背篓，背篓里装着散发着芳香的普洱茶，一路走，一路飘香，一路留下历史的遗迹。

历史上的茶马古道并不是仅有一条大道。相反，茶马古道的脉络极广，是一个庞大的交通网络。它是以川藏道、滇藏道与青藏道三条大道为主线，辅以众多的支线、附线构成的道路系统。而云南省境内的茶马古道主要指的是滇藏茶马古道和贡茶古道。

茶马古道是以马帮为主要交通工具的一条民间国际商贸通道，源于唐宋时期的“茶马互市”。康藏属高寒地区，海拔都在三千米以上，因此藏族人民以牛羊肉、奶类、酥油等高热量食物为主食，这些高脂肪的食物需要茶叶的帮助才能更好地在人

★古城老马。

★马帮雕塑。

体内分解，藏区不产茶，邻近的云南则有良茶普洱。而中原地区军队征战需要大量的骡马，因此骡马供不应求，而藏区则产良马。于是具有互补性的“茶马互市”便应运而生，茶马古道对古代的地域和民族交流有重要的作用。

茶马古道因为道路险峻难走，现在基本已经废弃不用，但它在历史上的地位从未磨灭。现在在丽江古城的拉市海附近、大理州剑川县的沙溪古镇、普洱市的那柯里等地均有保存较完好的茶马古道遗址。

普洱茶马古道宁洱段遗址，现存的有茶庵塘段、孔雀屏段、那柯里段、石膏井段、石丫坡段等。古道铺建是当时为方便向京城进贡普洱茶，由官方出资修建。古道上的石板条，全靠脚夫从几里甚至几十里外的山涧、河谷一块块地背上山，那些轻则几十斤，重则上百斤的板石、条石，是先民们用血汗的代价运来，任务之重、劳力之大，叹为观止。石镶古道沿着原始密林遮盖的山冈箐头，盘山而上，古木参天，林葱鸟语。石镶路的石面上，被众多骡马的铁蹄踏成大大小小深浅不一的马蹄窝。

云南普洱茶为茶中之茶，是暖胃、降脂、养气、益寿延年及品茗的圣品。云南有最古老的茶树王，也是茶的原产地。普洱茶是一种后发酵茶，具有“长寿茶”的美称，亦称“可以喝的古董”。

茶是一种情调，也可以说是记忆的收藏，在任何一季节里饮茶，每个人都宛若一片茶叶，或早或晚要融入这个变化无限的大千世界。茶叶不会因融入清水不为人在意而无奈，照样只留清香在人家。

如今马帮消失了，但喝普洱茶的时候我们仍会想起这群勇敢坚毅的汉子们，想起他们留下的或浪漫或凄惨的故事。马帮，是普洱茶产生的基础，也为普洱茶品赏者留下了许多神游的空间。

白族三道茶

一苦，二甜，三回味

在大理美丽的苍山下洱海畔，居住着勤劳勇敢、热情好客的白族人。在白族人家，无论是逢年过节、男婚女嫁，还是有贵客临门，主人都会以“一苦，二甜，三回味”的三道茶来款待来宾。三道茶是白族一种古老的品茶艺术，传承至今已有一千多年的历史。

在很久以前，在大理苍山脚下，住着一位手艺高超的老木匠。他带有一个徒弟，学了多年还不让出师。一天，他对徒弟说：“你作为一个木匠，会雕会刻，还只学到一半功夫。要是跟我上山，你能把大树锯倒，锯下板子，扛得回家，才算出师。”

徒弟不服气，就跟着师傅上山，找到一棵大麻栗树，立即锯起树来。还未等徒弟将树锯成板子，已觉口干舌燥，只好恳求师傅让他下山取水解渴，但师父不依。到傍晚时分，还未锯完板子，徒弟再也忍受不住了，只好随手抓了一把树叶，放进口里咀嚼，想用来解渴。师傅看了徒弟又皱眉头，又咋舌的样子，笑着问徒弟：“味道如何？”徒弟只好实说：“好苦啊！”

师傅这时才语重心长地说：“你要学好手艺，不先吃点苦头怎行啊？”这样一直到日落西山，板子虽然锯好，但徒弟已筋疲力尽，最终累倒了。这时，师父从怀里取出

★白族三道茶的泡制。

★ 白族三道茶民俗表演。

一块红糖递给徒弟，郑重地说："这叫先苦后甜！"徒弟吃了这块糖后，觉得口不渴了，精神也振作了。于是赶快起身，把板子扛回家。

从此以后，师傅就让徒弟出师了。分别时，师傅舀了一碗茶，放上些蜂蜜和花椒叶，让徒弟喝下去后，问道："此茶是苦是甜？"徒弟答曰："甜、苦、麻、辣，什么味都有。"师父听了，哈哈大笑，说道："这茶中情由，跟学手艺、做人的道理差不多，要先苦后甜，还得好好回味。"

自此开始，白族的三道茶就成了晚辈学艺、求学时的一套礼俗。三道茶的泡制和饮用过程充满了喜迎嘉宾的真挚情感和丰富的人生哲理。泡茶时首先将优质绿茶放入砂罐用火焙烤，待茶叶烤黄发出香味后，冲入沸水用火煨片刻，当茶水呈琥珀色时，倒入茶壶，由盛装的白族姑娘双手举杯齐眉，敬献给客人饮用。第一道茶味道极苦，寓示人生应当吃苦耐劳方能有所作为。随后在砂罐中注入沸水，加上白糖、核桃仁、芝麻面等，煮后饮用，称为二道茶，象征生活应当先苦后甜才有意义。第三道茶要在茶水中放入烘香的乳扇和红糖、蜂蜜、花椒等物，饮时感觉口颊香甜而又略带辛辣，使人精神爽然，寓意事业开拓成功。

温馨贴示

在白族当地，不论是在街头巷尾，还是在公园船头，饮用三道茶的形式和内容都丰富多彩的。三道茶中，每一道都伴有三至五个节目，身穿漂亮民族服装的白族少男少女们载歌载舞，边表演边劝茶，而当第三道回味茶饮至过半时，那些少男少女们便会热情地邀请客人走到场子中间，一起唱歌和跳舞。

泼水节
傣族的传统节日

傣族泼水节又名“浴佛节”，西双版纳德宏地区的傣族又称此节日为“尚罕”和“尚键”，两名称均源于梵语，意为周转、变更和转移。泼水节一般在傣历六月中旬（即农历清明前后十天左右）举行，是西双版纳最隆重的传统节日之一。

传说很久以前，统治傣族地区的火魔，滥施淫威，致使民间没有风雨，庄稼不能生长，人民生活十分痛苦。火魔从民间姑娘中抢去的七个妻子，她们目睹火魔残酷狠毒，对民间的疾苦非常同情，决心为人民除掉祸根。一天，她们设丰盛酒宴，陪劝火魔饮酒。聪明勇敢的七姑娘乘火魔大醉熟睡之机，从他头上拔下一根头发，火速地勒住他的脖子。果然，火魔的头颅立即掉在地上，滚到哪里便烧到哪里。随着火势不断扩大，眼看即将燃至附近的房屋，大姑娘急中生智，迅速将魔头抱起，地上的熊熊大火马上熄灭，火魔也随之消失，为了使人民不再遭受火魔的迫害，七个姑娘轮流抱住魔头，并用轮换的空隙用水冲洗身上的污秽，一直到火魔的脑袋化成尘土为止。后来，人们为了纪念傣家七个姑娘的英勇精神，于每年消灭火魔的日子，互相泼水祝福。

随着佛教在傣族地区影响的加深，泼水节成为一种民族习俗流传下来，至今已经有数百年的历史了。每到泼水节，傣族人民就到附近的山上采集一些鲜花和树叶。到了节日，傣族男女老少穿上节日盛装，而妇女们则各挑一担清水为佛像洗尘，求佛灵保佑。“浴佛”完毕，人们就开始相互泼水，表示祝福，希望用圣洁的水冲走疾病和灾

★ 欢度泼水节的傣族人们。

难，换来美好幸福的生活。人们各种各样的容器盛水，涌出大街小巷，追逐嬉戏，逢人便泼。文雅的则用树枝蘸水泼。入夜，村寨鼓乐相闻，人们纵情歌舞，热闹非凡。

第一天，文艺表演；第二天泼水；第三天，男女青年在一块进行丢包。“丢包”是傣族未婚青年的专场游戏，“包”是象征爱情的信物，由傣族姑娘用花布精心制作，内装棉籽，包的四角缀有五彩花穗，丢包时，在绿草如茵的草坪上男女各站一排，先由傣族姑娘将包掷给小伙子，小伙子再掷给姑娘，并借此传递感情。如此，花包飞来飞去，最后感情交流到一定程度，双方悄悄退出丢包场，找一个幽静的地方依肩私语去了。

“放高升”和孔明灯也是傣族地区特有的活动。人们在节前就搭好高射架，届时将自制的土火箭点燃，让它尖啸着飞上蓝天。高射飞得越高越远的寨子，人们越觉得光彩、吉祥。优胜者还将获奖。入夜，人们又在广场空地上将灯烛点燃，放到自制的大“气球”内，利用热空气的浮力，把一盏盏“孔明灯”放飞上天，以此来纪念古代的圣贤孔明。

赶摆是泼水节的主要项目之一。赶摆场一般设在江河岸边平阔之处或田坝中央，场边置高升架，有专门用来燃火花和放火飞灯的场地。身着节日盛装的各民族群众从四面八方会聚于此，人山人海，锣鼓喧天。人们听章哈演唱，观赏民间艺人表演的孔雀舞、象脚鼓舞、蝴蝶舞、拳舞等，和着鼓点节奏同跳“依拉咴”舞。江上赛龙舟，空中放高升。青年男女聚在一起丢包，传递情谊。夜晚，人们继续歌舞狂欢，放高升、放火花和火飞灯，热闹非凡。

赛龙舟是泼水节最精彩的项目之一，常常在泼水节的“麦帕雅晚玛”（第三天）举行。那日，穿着节日盛装的群众欢聚在澜沧江畔、瑞丽江边，观看龙舟竞渡。江上停泊着披绿挂彩的龙船，船上坐着数十名精壮的水手，号令一响，整装待发的龙船像箭一般往前飞去，顿时整条江上，鼓声、锣声、号子声、喝彩声，此起彼伏、声声相应，节日的气氛在这里达到了高潮。

温馨贴示

在傣族群众聚居地区，每逢泼水节傣家人到井里取来干净的水，事先会盛放一些鲜花让水有香味，然后到寺庙里去“赕佛”，之后再用这些带有芳香的水给佛像清洗身上的灰尘，之后大家互相用小树枝蘸取小盆里的香花水，首先向德高或年长者身上轻轻洒去，再互相帮助向自己想要祝福的人身上洒去。

泼水节的狂欢。

火把节

古老传统的节日

火把节是彝族、白族、纳西族、基诺族、拉祜族等民族的古老传统节日，有着深厚的民俗文化内涵。

相传很早以前，天上有个大力士叫斯惹阿比，地上有个大力士叫阿体拉巴，两人都有拔山的力气。有一天，斯惹阿比要和阿体拉巴比赛摔跤，可是阿体拉巴有急事要外出，临走时，他请母亲用一盘铁饼招待斯惹阿比。斯惹阿比认为阿体拉巴既然以铁饼为饭食，力气一定很大，便赶紧离开了。阿体拉巴回来后，听母亲说斯惹阿比刚刚离去，便追了上去，要和他进行摔跤比赛，结果斯惹阿比被摔死了。天神恩梯古兹知道了此事，大为震怒，派了大批蝗虫、螟虫来吃地上的庄稼。阿体拉巴便在农历六月二十四那一晚，砍来许多松树枝、野蒿枝扎成火把，率领人们点燃起来，到田里去烧虫。从此，彝族人民便把这天定为火把节。

彝族火把节一般历时三天三夜，分为迎火、玩火、送火三个阶段。

火把节第一天：迎火。这一天，村村寨寨都会宰牛杀羊，集体分享，并备酒肉祭

★ 传统民族节日。

祖。夜幕降临时，邻近村寨的人们会在老人们选定的地点搭建祭台，以传统方式击石取火点燃圣火，由毕摩（彝族民间祭司）诵经祭火。然后，家家户户，大人小孩都会从毕摩手里接过用蒿草扎成的火把，游走于田边地角，效仿以火驱虫的传说。

火把节第二天：玩火。这一天，家家户户都聚集在祭台圣火下，举行各式各样的传统节日活动。小伙们要效仿传说中的阿体拉巴，赛马、摔跤、唱歌、斗牛。姑娘们则身着美丽的衣裳，撑起黄油伞，跳起“朵洛荷”、达体舞。在这一天，最重要的活动莫过于彝家的选美了。年长的老人们要按照传说中阿体拉巴勤劳勇敢、英武神俊和阿什嫫善良聪慧、美丽大方的标准从小伙姑娘中选出一年一度的美男和美女。夜幕降临，一对对有情男女，在山间，在溪畔，在黄色的油伞下，拨动月琴，弹响口弦，互诉相思。

火把节第三天：送火。这是整个凉山彝族国际火把节的高潮。这一天夜幕降临时，人人都会手持火把，竞相奔走。最后人们将手中的火把聚在一起，形成一堆堆巨大的篝火，欢乐的人们会聚在篝火四周尽情地歌唱、舞蹈。

火把节的三天三夜，都各具特色，此外，火把节也是少男少女点燃爱苗、传达情意的好时机，姑娘们穿着自己缝制的衣裳展示灵巧的手艺，小伙子在种种比赛和表演中博得姑娘们的芳心及微笑。

到了此时此刻，他们都找到意属的心上人，根据习俗男方可以抢夺女方身上的信物，作为定情之物；他们也借着通宵欢歌狂舞，互相表达爱意。

温馨贴示

每年农历六月二十四至二十七日，彝族各村寨都要举行隆重的祭祀活动，祭天地、祭火、祭祖先、驱除邪恶，祈求六畜兴旺、五谷丰登，体现了彝族人民尊重自然规律、追求幸福生活的美好愿望。

孔雀舞

傣族最负盛名的民间舞

孔雀舞是我国傣族民间舞中最负盛名的传统表演性舞蹈，流行于云南瑞丽、潞西及西双版纳、孟定、孟达、景谷、沧源等傣族聚居区，其中以云南西部瑞丽市的孔雀舞最具代表性，相传一千多年前傣族领袖召麻栗杰数模仿孔雀的优美姿态而学舞，后经历代民间艺人加工成型，流传下来，形成孔雀舞。

在傣族人民心目中，“圣鸟”孔雀是幸福吉祥的象征。不但许多的人们在家园中饲养孔雀，而且把孔雀视为善良、智慧、美丽和吉祥、幸福的象征。在种类繁多的傣族舞蹈中，孔雀舞是人们最喜爱、最熟悉，也是变化和发展幅度最大的舞蹈之一。

傣族民间传统的孔雀舞有着很长历史，并被纳入了宗教的礼仪之中。孔雀舞是傣族人们最喜爱的民间舞蹈，在傣族聚居的坝区，几乎月月有“摆”（节日），年年有歌舞。在傣族一年一度的“泼水节”“关门节”“开门节”“赶摆”等民俗节日，只要是尽兴欢乐的场所，傣族人民都会聚集在一起，敲响大锣，打起象脚鼓，跳起姿态优美的“孔雀舞”，歌舞声中呈现出丰收的喜庆气氛和民族团结的美好景象。

★形似孔雀，身姿妖娆。

相传在很久很久以前，有一个贫穷的傣族小伙子为了谋生，他每天都到江边的一棵空心树下钓鱼，并且每次都能钓到很多。可是，有一天他从早钓到晚，连个鱼影子也看不到，他感到万分奇怪。

正在这时候，突然一阵轻风刮来，吹到他身后那棵空心树内，发出了“嗡嗡”的声响。这时，江边的果树上熟透了的果子，也随风叮叮咚咚落入江中，发出清脆悦耳的声响。就在这一瞬间，他见江中映出山坡上孔雀窈窕的倒影。见此情形，小伙子惊喜地回头观看，只见一对绿孔雀展开了美丽的翎羽，正随着动听的声响翩翩起舞。

当时，小伙子再也抑制不住内心的激动，他高声说道：“啊！我今天到了神仙住的地方了！”于是，小伙子丢下钓竿，惊喜地跑回村寨，活灵活现地给乡亲们讲述所见到的一切。乡亲们听后了十分惊奇，都盼望自己也能亲眼看到那动人的情景。后来，小伙子带着众多乡亲来到江边，把那棵空心树砍倒，锯了做成长鼓，蒙上一层黄牛皮，用手一敲打，顿时发出了“嘣、嘣叭、嘣”的悠扬声响，然后，小伙子又找来铜盆、铜锅盖，让其他青年随着敲的节奏声一直敲打。接着，小伙子在快乐的鼓乐声中，模仿孔雀的一举一动，跳起惟妙惟肖的孔雀舞。当时，观看的群众都看得入迷，百看不厌。从那以后，乡亲们一致推选小伙子到“赶摆”的群众集会上跳孔雀舞。在“赶摆”的日子里，小伙子为傣家人首次表演了孔雀舞，艺术地再现了孔雀形象，博得大家的赞赏。从此，这种象脚鼓和锣伴奏的孔雀舞，就在傣族人民中间流传开了。

孔雀舞有严格的程式和要求，有规范化的地位图和步法，每个动作有相应的鼓语伴奏。孔雀舞的内容，多为表现孔雀飞跑下山、漫步森林、饮泉戏水、追逐嬉戏、拖翅、晒翅、展翘、抖翅、亮翅、点水、蹬枝、歇枝、开屏、飞翔等等。感情内在含蓄、舞蹈语汇丰富，舞姿富于雕塑性，舞蹈动作多保持在半蹲姿态上均匀地颤动，身体及手臂的每个关节都有弯曲，形成了特有的三道弯舞姿造型，手形及手的动作也较多，同一个舞姿和步伐，不同的手形或手的动作，就有不同的美感和意境。

温馨贴示

孔雀舞是傣族人最喜爱的民间舞蹈，在傣族群众聚居的坝区，几乎月月有节日，年年有歌舞。在傣族一年一度的“泼水节”“关门节”“开门节”“赶摆”等民俗节日，只要是尽兴欢乐的场所，傣族人民都会聚集在一起，敲响大锣，打起象脚鼓，跳起姿态优美的“孔雀舞”。

360°
全景旅行
畅游云南

第七章

最具实用价值的云南攻略

182-196

1 交通

云南在彩云的南方，是一个山明水秀的地方。云梦萦绕的山、满江春意的水、争相竞艳的花、淳朴善良的人，这一个个独立的事物和人连在一起，拼凑成一幅动人的山水画卷，令人心驰神往。

飞机

云南省有 12 个民用机场，分布于全省各市地，但是除昆明长水机场和丽江三义机场外，其他机场对外航班较少。外地进出云南，还是以昆明和丽江两个机场为主。

昆明

昆明长水国际机场位于昆明市东北方向，距离市中心直线距离约 24 千米。机场有多条航空航线，有到北京、重庆、上海、成都、丽江等省内外多个城市的航班。游客可以乘空港快线前往机场。

丽江

丽江三义国际机场位于丽江市古城区七河镇境内，距丽江城区约 28 千米，北京、上海、重庆、成都、广州、深圳、南京、昆明、景洪等城市都有直航。乘客可以乘机场大巴或者出租车到达市内。

大理

大理机场坐落在美丽的大理白族自治州境内，位于洱海东南岸，距州府“魅力城市”大理市东约 13 千米，机场有发往北京、广州、成都、昆明、西双版纳等地的航班。乘客可以乘机场大巴或乘出租车前往大理市内或大理古城。

迪庆

迪庆香格里拉机场位于迪庆香格里拉市，旺季的时候机场有飞往上海、广州、成都、重庆、拉萨、昆明等多个城市的航班。

普洱

普洱市思茅机场位于普洱市西郊约 2 千米，在无量山东南麓，目前开通有来往昆明的航线。其他城市的游客可以先前往昆明，然后转机飞往普洱。

保山

保山地区建有保山机场，每天有多次航班往返昆明，行程约 40 分钟。保山机场距离保山市区约 9 千米，有机场巴士可到。

火车

云南十八怪其中之一就是“火车没有汽车快”，可见云南人民对火车的需求实在不高。因境内多山，火车速度较慢，境外进出云南的火车主要是通过成昆线、南昆线和贵昆线三条，可以与成都、南宁、贵阳连接，融入全国铁路干线网。

昆明

昆明主要有两个客运火车站：昆明站和昆明南站。其中南站是高铁站，主要承

接云桂高铁、沪昆高铁、成昆高铁等铁路客运专线。

昆明站是西南地区重要的交通枢纽，主要发往成都、北京、上海、南宁、广州，也可以到达大理、曲靖、丽江等地。市内乘坐地铁 1 号线可到达。

丽江

丽江站位于玉龙县城南口片区上吉村，距丽江城区 10 余千米，车站主要是发往昆明的火车。游客可以乘坐 4 路快线、16 路公交车直达丽江火车站。

大理

大理火车站位于下关市区东部，车站的班次主要是发往昆明与丽江的。铁路从洱海东部经过，火车上可以远望洱海与苍山。从火车站，游客可以乘 8 路公交到达大理古城。

曲靖

曲靖站位于曲靖市麒麟区建宁西路，车站主要是发往昆明的火车，曲靖北站为高铁站。

玉溪

玉溪火车站位于玉溪市红塔区红塔大道，玉溪为过路站，从昆明到河口北或者蒙自的火车站会路过玉溪。

公路

云南公路运输发达，每天有许多省外班车发往各地，昆明是云南省最大的客运中转中心，许多省内外班车都是由这里发出。到云南旅游，除了火车、飞机以外，很多人也会选择坐长途汽车出行。一般四川、贵州、广西等地发往昆明的班次较多，其他地区的班车班次相对较少。

昆明

昆明主要有东部客运站、南部客运站、西部客运站、北部客运站四个长途汽车站，主要发往文山、普洱、大理、曲靖、红河

等城市以及这些城市下设的乡镇。

丽江

丽江汽车站主要有丽江客运站、丽江高快客运站，发往西昌、攀枝花、大理、香格里拉、德钦、普洱、保山等地。

大理

大理下关有好几个客运站，其中比较重要的有兴盛路客运站、快速客运站、大理汽车客运站（东站）、大理汽车客运站（北站）、客运西南站等五个客运站，主要发往昆明、丽江及大理下辖的县区。

迪庆

迪庆汽车站主要集中在香格里拉市，香格里拉客运站位于县城内长征路中段，有发往省内主要城市及迪庆州其他地区的班车。

自驾

云南公路交通四通八达，自驾车游云南也是不错的选择。另外，在大理、丽江等旅游热度较高的地方，当地人也提供私人包车服务，包车价格依据路程和时间等价格也有所不同，但可以与司机沟通。如果想获得包车信息，可以向客栈老板咨询。

云南山地多、上下坡多、弯道多，在平原地区开惯高速的司机，来到云南请放慢些车速。在看不到来车弯道，切记靠右、减速、鸣笛，千万不要侵占对方车道，同时也要小心自己的车道上有没有不速之客——这是经常发生的。进入村庄前记得减速，留意小动物和小孩。西双版纳的某些公路段是禁止鸣笛的，因为害怕惊扰到附近林中的野象，请遵守。

在迪庆藏族自治州的高海拔地区行驶，留意高原缺氧对汽车的影响，最好不要过于满载，以免出现汽油燃烧不充分、动力不足的情况。秋冬季时，记得检查水箱里用的防冻液是否合格，否则寒冷的一夜过后，车子就无法发动了。

在滇西南、滇南等地，大雨过后的泥泞会增加陷车的危险，进入山区后如果发现路况不对，最好不要强行前进。

2 住宿

云南是个旅游大省，从青年旅舍、民居客栈到星级酒店，应有尽有。热门地区大小长假、旅游旺季期间房价涨幅较高。少数民族地区举办盛大节日的时候住宿也是相对比较紧张的。留意提前预订。

高档酒店

昆明

名称	地址	电话
昆明中维翠湖宾馆	昆明五华区翠湖南路6号	0871-65158888
昆明洲际酒店	滇池国家旅游度假区怡景路5号	0871-63188888
昆明万达文华酒店	西山区前兴路888号	0871-68038888
昆明湖景酒店	滇池国家旅游度假区湖滨路39号	0871-64317666
春城湖畔高尔夫度假村	云南省宜良县汤池镇（华侨城）	0871-67671188

丽江

名称	地址	电话
丽江悦榕庄	丽江市古城区束河古镇悦榕路	0888-5331111
丽江古城英迪格酒店	丽江市古城区七一街兴文巷111号	0888-5599111
丽江和府洲际度假酒店	丽江市古城区祥和路276号	0888-5588888
丽江悦云别院度假酒店	丽江市古城区香格里拉大道北段369号	0888-5559999
丽江金茂君悦酒店	丽江市古城区香江路8号	0888-5311234

大理

名称	地址	电话
双廊七间房酒店	双廊镇岛依旁村	0872-2506585
双廊善水海景客栈	双廊街邮局往北前行50米	0872-2506208
三色云河连锁客栈	双廊村437号	18187213044
大理古城一号院	大理市古城博爱路9号	0872-6868111
大理梦蝶庄酒店	大理市古城北门街160号	0872-2380666
大理天谷喜院古迹精品酒店	大理喜洲镇寺里村委会翔龙村	0872-2475855

迪庆

名称	地址	电话
迪庆仁安悦榕庄	迪庆香格里拉市建塘镇红坡村	0887-8288822
德钦奔子栏丽世酒店	迪庆德钦县奔子栏镇奔子栏村委会奔子栏小组74号	0887-8998000
香格里拉阿若康巴南索达庄园	香格里拉市古城金龙街东廊15号	0887-8881006
迪庆恬居香格里拉大酒店	迪庆州香格里拉市格里拉建塘镇池慈卡1号	0887-8998998
香格里拉松赞林卡酒店	建塘镇松赞林寺小街子村	0887-8285566

保山

名称	地址	电话
腾冲温泉度假酒店·玉温泉	腾冲市清水乡热海景区内	0875-5868888
和顺柏联酒店	腾冲市和顺镇张家坡	0875-5153333
腾冲悦椿温泉村	腾冲市北海乡玛御谷温泉国际度假区	0875-8999888
热海温泉度假酒店·养生阁	腾冲市清水热海景区	0875-5868888
和顺总兵府客栈	腾冲市和顺古镇	0875-5150288

经济型酒店

昆明

名称	地址	电话
昆明银天大酒店	五华区象眼街1号	0871-63615532
白日青春酒店	五华区护国路40号	0871-64870388
燕筑酒店	西山区前兴路668号	0871-68133600
昆明私悦酒店	官渡区吴井路68号	0871-68168585

丽江

名称	地址	电话
丽江束河無白酒店	丽江市古城区束河古镇清泉路43号	15126090642
泸沽湖昂月精品酒店	丽江泸沽湖永宁乡蒗放村	0888-3029099
老磨坊精品酒店时光花园店	丽江五一街王家庄巷2号	15198659228

续表

名称	地址	电话
泸沽湖糊涂岁月客栈	丽江市宁蒗县泸沽湖大洛水村村尾	19908885995
泸沽湖悦湖精品酒店	丽江宁蒗泸沽湖大洛水村湖滨路中段，泸沽湖边	0888-5887789

大理

名称	地址	电话
风雪故城艺术花园客栈	大理古城内玉洱路中段384号	15096905168
洱月宿纳里海景客栈	双廊镇长育村17号	0872-3069528
海栖海景酒店	双廊镇长育村	18187208408
大理悦湾度假酒店	大理市海东镇文笔村老环海路	15368300008
澜町梦境海景酒店	大理市下关镇葭蓬村环海西路	17787232456

迪庆

名称	地址	电话
香格里拉蓝韵轻奢客栈	独克宗古城金龙街	18808877062
香格里拉云悦别院	独克宗古城香巴拉大道	0887-8858777
德钦梅里往事酒店	德钦县升平镇214国道旁	13320413806
迪庆松赞梅里酒店	迪庆州德钦县升平镇各几农村	0887-3021333

保山

名称	地址	电话
道氏山庄	普洱市思茅区近五湖湿地公园乐海子茶山上	0879-2885699
景谷威远江国际酒店	景谷县滨河东路18号	0879-8886666
普洱曼城商务酒店	思茅区茶城大道46号	0879-3033777
澜沧祥云大酒店	澜沧县环城南路拉祜广场旁	0879-7533333
茶马驿栈石屏会馆一茶马驿栈	思茅区顺城街34号	0879-8256999

青年旅社

昆明

名称	地址	电话
倾城国际青年旅舍	五华区华山西路92号	0871-63378910
霁家湾国际青年旅舍	官渡区俱家湾路4号	0871-64883788
昆明大脚氏国际青年旅舍	昆明市五华区篆塘路23号	0871-64103777
昆明倾城国际青年旅舍	昆明市五华区华山西路92号	0871-63378910

丽江

名称	地址	电话
背包十年青年旅舍	束河古镇东康村7组25号	15608880836
旅行纪国际青年旅舍	大研古镇金甲村105号	13388889700
青山国际青年旅舍	丽江古城区民主路543号	13378880304
泸沽湖疯鸟青年旅舍	泸沽湖景区大落水村	18008880148
白沙那里国际青年旅舍	丽江市白沙古镇三元村二社6号	13398882852

大理

名称	地址	电话
古城暖暖精品青旅	古城博爱路12号	15388775340
双廊名堂客栈	双廊镇岛依旁村	17787235361
风鸟青年旅舍	大理古城平等路下段	15368291283
云南沙溪马圈46国际青年旅舍	大理州剑川县沙溪寺登街46号	0872-4722299

3 美食

彩云之南，山容百树，这里“一山分四季，十里不同天”。其悠久的历史、得天独厚的物种资源及灿烂多样的民族文化造就了云南千百年来兼容并蓄、独树一帜的美食文化，独特的滇味菜系更续写了饮食文化中绚丽多姿的篇章。

云南菜也称“滇菜”，滇东北地区与四川接壤，其烹调、口味与川菜相似；滇西和滇西南地区因与西藏毗邻，其烹调特色受藏族、回族、寺院菜影响；滇南地区气候温和，雨量充沛，是云南菜的本体。云南菜选料广，以烹制山珍、水鲜见长。口味特点是鲜嫩清香、酸辣适中，讲究本味和原汁原味。

美食推荐

过桥米线

过桥米线是云南著名的风味小吃。过桥米线主要以汤、肉片、米线再加佐料做成。汤用肥鸡、猪筒子骨等熬制以清澈透亮为佳，将鸡脯、猪里脊、肝、腰花、鲜鱼等切成薄片，摆入小碟，米线则以细白、有韧性者为好；同时备有豌豆尖、黄芽韭菜、嫩菠菜等。

菠萝紫米饭

菠萝紫米饭也是具有傣族特色的糯米制食品，首先要将紫糯米浸泡 7~8 个小时，将菠萝顶端切一个盖，掏去菠萝心，放入紫糯米，盖上菠萝盖后放到锅里煮，

闻到香味后，即可开盖食用，味道有点甜，且有补血润肺的功效。

施甸三味

施甸人擅长腌渍之技，其特产雕梅、骨蚱、水豆豉三味，一果、一荤、一素，各以其独特风味令人口角生涎，食而常思。

宣威火腿

宣威火腿是云南非常出名的美食之一，它形似琵琶，皮薄肉厚肥瘦适中；

切开断面，香气浓郁，色泽鲜艳。

丽江粑粑

丽江粑粑是纳西族独特的风味食品，有着悠久的历史，做工精细、选料考究。分为甜咸两种口味，可以根据各自口味任意选用，吃起来酥脆可口。

汽锅鸡

汽锅鸡是云南独有的高级风味菜，它以烹制特殊，鸡肉滋嫩、汤汁鲜美、原汁原味，芳香扑鼻、富于营养而广为流传，在国内外均享盛誉。

蒸饵丝

蒸饵丝是云南省曲靖市的一道特色小吃。蒸饵丝的主料为当地产的筒子饵块。它是用曲靖沿江、珠街一带产的优质稻米，按传统工艺加工而成，风味独特，故每天都引得顾客盈门，几年间便声名大振。

野生菌火锅

野生菌是云南省特有的野生食用菌，野生菌火锅是云南特有的美味，楚雄野生菌火锅是云南六大名吃之一，食材生态、味道鲜美，是无数食客的最爱。

美食去处

祥云美食城：是昆明有名的美食城，云集多家滇味老牌小店，这里出品各种当地小吃美食，如豆花米线、米布、涮菜等民间美食，口味都十分地道。

位置：昆明五华区宝善街。

交通：乘73、90路公交，下车后步行前往。

四方街：丽江古城的四方街是有名的小吃一条街，短短窄窄的街道两侧排列了数十家小餐馆，基本上每家餐馆都有云南特有的米线，种类有砂锅米线、煮米线，因此这条街又有“丽江米线街”之称。

位置：丽江市丽江古城。

交通：从丽江市打车前往丽江古城即可。

洋人街：在大理洋人街护国路上，许多餐馆兼售中西餐，游客可以品尝到云南风味的菜肴及当地的白族菜，其中以拥有白族“三道茶”及藏族“酥油茶”而驰名海内外的太白楼堪称代表，来这里饮茶的外国人很多。

位置：大理市护国路。

交通：从大理下关乘 8 路公交可以到大理古城。

曼景兰民族风味美食街：整个曼景兰寨子现有 130 多幢竹楼，是有名的民族风味食品区，由于各式各样的民族风味餐馆分排于马路两旁，被人们称为民族风味食品一条街。到这里可以品尝到傣族风味菜，如香茅草烤鱼、酸笋煮鸡、油炸青苔、香竹饭、菠萝紫米饭等。

位置：西双版纳傣族自治州景洪市勐海路辅路

交通：景洪城区不大，走路去就可以，打车也不贵。

4 购物

到云南来，可买的东西实在是太多了，最耳熟能详的莫过于云南白药了。此外，火腿、各种菌菇、虫草三七等药材都是早已声名在外了。由于云南是多民族汇聚的省份，各民族独特的民俗风情孕育出各不相同但韵味十足的民族服饰、银器、手工艺品等，都是可以带回去的好礼物。

购物推荐

云南白药

云南白药是云南著名的中成药，由名贵中草药材制成，问世百年来，以其独特、神奇的功效被誉为“中华瑰宝，伤科圣药”，也由此成名于世、蜚声海外。

普洱茶

普洱茶是云南十分有名的特产，普洱茶茶性相对其他茶更温和，暖胃不伤胃，还可以降血脂，老人更宜饮普洱茶，因为普洱能够促进肠胃蠕动和消化。

剑川木雕

剑川的木雕历史悠久，技艺精湛，有“木雕之乡”美称。剑川木雕镶上大理石显得更加美观大方。

傣家竹编

竹编是傣家人擅长的工艺。竹编工艺品种类繁多，造型古朴，美观实用，是上好的工艺品。

松茸

纳西语称“裕茂萝”，是丽江特产菌类中的山珍，松茸产品主要由丽江空运出口，包括鲜货和盐渍两种。

葫芦丝

云南是葫芦丝的发源地。葫芦丝，又称“葫芦箫”，傣语称“筚郎叨”是云南少数民族乐器。

建水紫陶

建水紫陶是建水地区的民间传统工艺品，品种繁多，有煮器、文具、茶具、花盆及案头陈列装饰用品等。外形光亮细润，古色古香。

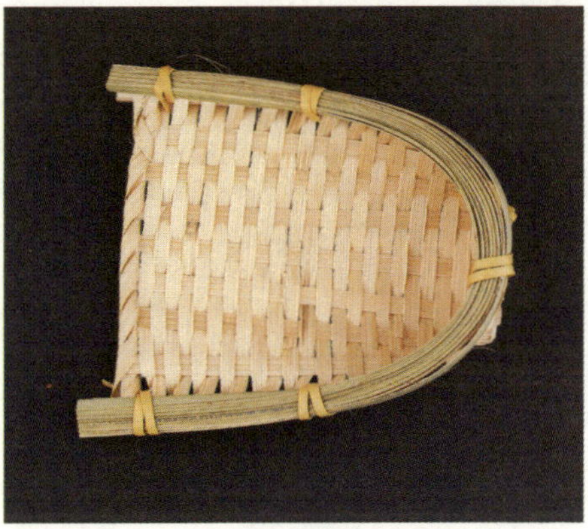

购物去处

南屏街：是昆明历史上的老街区，也是昆明市古老的商业街，沿街店铺林林总总，加上 20 世纪二三十年代的建筑，让人们在购物的同时还可以领略老昆明的风情。

位置： 昆明五华区南屏街。

交通： 乘68、118路公交即可。

七星街：在丽江购物逛街，一定要去七星街。七星街是丽江的特色街区，在这条街上有众多的工艺品店，是购买工艺品的好地方。

位置： 丽江市古城区七星街。

交通： 市内乘2、28路等多路公交车可到。

大理古城：大理古城内的街道有许多个性店铺，出售各种扎染布料、民族特色服装服饰还有各种特色小吃，可自由挑选。

位置： 大理州大理市大理古城。

交通： 在大理古城步行即可到。

早春的大理古朴、淡雅、清新。